조금 일찍 나선 길

열어섯의 산티아고

태윤 지음

걸어간다 살아간다

산티아고 순례길

01

책구름

조금 일찍 나선 길
열여섯의 산티아고

1판 1쇄 발행 2022년 6월 30일

편 집 김라나, 곽한나
디자인 김주연
마케팅 안세정
편집장 자현

펴낸이 정태준
펴낸곳 책구름 (출판등록 제2019-000021호)
팩 스 0303-3440-0429
이메일 bookcloudpub@naver.com
블로그 blog.naver.com/bookcloudpub

©태윤 2022

ISBN: 979-11-979082-0-0(03920)

조금 일찍

열여섯의 산티아고

나선 길

엄마는 계획을 짜지 않는다. 나도 딱히 계획을 분 단위로 짜지는 않지만 겉으로는 다 생각해둔 것처럼 의기양양하게 군다. 엄마는 아름다운 풍경을 볼 때 '이쁘다'라고 한다. 나는 '예쁘다'라고 한다. 엄마는 세세한 것은 금방 까먹는다. 나는 알베르게의 주인장이 할머니였는지 할아버지였는지, 우리에게 '올라' 하고 인사했는지, '안녕하세요' 하며 인사했는지를 기억한다. 순례길을 걸으며 알게 된 우리의 모습이다.

엄마와 함께 훌쩍 떠났던 순례길이지만, 엄마와 딸로서 길을 걷기보다는 김항심과 태윤으로서 하루하루를 보냈던 듯하다. 동등한 입지에서 사람을 만나는 일, 건조하게 갈라진 땅을 세 시간 동안 내리 걷는 일, 코를 고는 낯선 이들 사이에서 잠에 드는 일까지. 순례길에서의 일상은 우리 모녀에게는 무척이나 새로운 것들로 가득했다. 그 속에서 발견한 엄마, 김항심은 늘 들뜬 발걸음으로 걷고는 했다. 더위와 피로 속에서도 걸음을 내디딜 수 있는 사람이었고, 생전 처음 보는 남에게도 훌륭한 지지대가 되어줄 수 있는 사람이었다. 엄마가 발견한 나는 넉살을 잘 부리고, 잘 먹고, 깔끔도 잘 떠는 면모가 있었다고 하더라. 이 글을 읽을 누군가가 발견할 우리의 모습은 무엇일지, 설레는 마음으로 프롤로그를 쓴다.

엄마의 원고를 힐끔힐끔 쳐다보고 있다. 엄마는 리베카 솔닛의 《걷기의 인문학》을 인용했다. 그거 참 좋은 시작이다 싶어 아는 문장을 죄다 떠올려봤다. 그중 문장 하나를 가져와 본다.

'길이 시작되자, 여행이 끝났다.'

며칠 전 수업에서 헝가리 출신 철학자 게오르그 루카치의 글을 읽었다. 이 문장을 표면적으로 읽으나 거대한 비유 뒤에 숨어 있는 진의를 보나, 어느 쪽이어도 순례길을 걷는 일이 이 문장과 조금은 닮아있지 않았나 싶다. 삶, 인생, 순례, 길, 여행, 방황. 그런 말로 묶을 수 있는 시기가 나에게 존재했고, 어쩌면 여전히 이어지고 있을지도 모른다.

이 글은 그 시기를 담았다. 그렇지만 사실 순례길이 얼마나 대단했고, 그로 인해 내가 어떻게 변했는지 같은 거창한 이야기는 아니다. 그저… 가끔 (실은 자주) 라면을 맛있어 하고, 뜨거운 날은 좀 버거워 하며, 만나는 사람들에게 재롱을 부리는 그런 이야기다. 으하하 웃어가며 읽을 수 있는 글이 되었으면 한다.

목차

산
티
아
고
에

가
다
니

2015년. 800킬로미터를 걸어야 하는 길인 줄도 모른 채 엄마와 작은 약속을 했다. 언젠간 그 산티아고 순례길을 걸어보자고. 약속이 실현되기까지 삼 년이란 시간이 흘렀다. 그 사이, 나에게 순례길은 가수 GOD가 걸었던 길, 유해진과 차승원이 하숙집을 운영하던 곳으로 인상이 달라져 있었다. 약속을 들춰낸 건 엄마였다. 어느 날 엄마에게 전화가 걸려 왔다.

"윤아, 여름에 공부 안 할 거지?"
"당연하지."
"그럼 산티아고에 가자."
"그래."

그로부터 한 달 뒤, 엄마와 나는 파리행 비행기에 올라탔다. 우리 가족은 늘 계획 없이, 번갯불에 콩 볶아먹듯 살았다. 아침을 먹다가 갑작스레

떠나는 여행은 이미 익숙했다. 그렇다고 해외까지 이렇게 얼렁뚱땅 떠날 줄이야.

여행이 결정되고 난 후, 체력이 가장 큰 문제였다. 엄마는 꾸준히 운동을 해온 사람이라 체력이 좋은 편이었다. 나는 운동과 담을 쌓고 지냈다. 체력이란 게 존재하지 않는 상태로 800킬로미터에 달하는 순례길을 걸으러 가는 거였다. 엄마와 나의 여정을 응원한다던 아빠도 내심, (사실은 대놓고) 내가 순례길을 잘 걸을 수 있을지 염려하는 눈치였다. 누군가는 20일, 누군가는 한 달, 누군가는 석 달이 걸렸다는 이 길. 나와 엄마는 얼마나 많은 시간이 걸릴까?

어떤 변수가 생길지 몰랐다. 확실하지 않은 일정 탓에 출국과 귀국 비행편만 예매했다. 산더미 같은 고민을 안고 여행 준비를 단출하게 끝냈다. 집 앞의 공원을 가끔 걸으며 준비 운동을 했고, 등산화와 배낭도 새것으로 맞춰 샀다. 출국 전날, 아직 새것의 냄새가 나는 35리터짜리 파란 배낭에 짐을 싸 넣었다. 인터넷 카페와 책에서 본 준비물 위주로 꾸렸다.

"김장 봉투, 빨래망, 빨래집게… 이런 건 왜 챙겨?"

엄마의 잔소리에도 꿋꿋이 짐을 꾸렸다. 짐을 들어보니 그렇게 무겁진 않았다. 이상하다. 다들 짐이 너무 무거워 무게를 줄이느라 고생이라는데 우리의 배낭은 지나치게 가벼웠다. 그렇게 무거운 마음과 가벼운 짐을 들고 공항에 갔다. 오전 9시 비행기를 타면서 자정에 출발하는 고속버스를 탔다. 결국 너무 일찍 도착했다. 새벽 4시, 아무도 없는 공항에서 잠시 눈을 붙였다. 반나절이 쏜살같이 흘렀다. 어느새, 파리였다.

파리 샤를 드골 공항은 구조가 복잡하기로 유명하다. 여행의 시작부터 길을 잃지는 않을까, 불안했던 마음과는 달리 수월히 출구를 찾아나왔다. 자그마한 일들이 톡톡 터지기는 했다. 입국 심사를 기다리던 중 뒤에서 한 남자가 불쑥 나와 엄마의 슬리퍼를 실수로 밟았다. 3천 원짜리 저렴한 슬리퍼라 그런지 작은 충격에도 밑창이 떨어졌다. 깔깔 웃었다. 엄마는 입국 심사 대기 줄에서 슬리퍼를 벗고 배낭에 넣어온 묵직한 등산화로 갈아 신었다.

현지에서 입국 날짜에 맞춰 개통을 해주겠다던 유심 회사의 말과 달리 휴대폰은 작동이 되지 않았다. 유심 문제를 해결하느라 버스 안에서 진을 뺐다. 파리 시내를 달리는 버스 밖의 풍경이 눈에 들어왔다. 커다랗고 번쩍거리는 간판의 약국이 보였다. 드높은 가로수와 낮은 건물들까지. 낯선 풍경, 이곳은 파리가 맞다! 어느새 내릴 역이었다.

순례길의 시작점인 생장피드포르까지 가는 기차를 타는 곳, 몽파르나스 역(Gare Montparnasse) 근처 작은 호텔을 예약해두었다. 숙소를 저렴한 민박으로 잡을지, 호텔로 잡을지 고민했는데 순례길을 걷기 시작하면 우리만의 방이 그리워질 것 같았다. 순례자들이 묵는 숙소인 알베르게는 다인실에 도미토리 형태가 대부분이니 말이다. 편안한 침대에서 휴식하며 오랜 비행의 피로도 풀고, 에어컨 바람도 맞을 수 있을 때 맞자며 실컷 쐬었다. 숙소로 가는 길목의 풍경이 엄마는 마음에 든다고 했다.

"윤아, 여기 완전 파리 현지 마을 느낌 제대로다."
"응, 몽파르나스는 관광지라기보다 현지인이 많이 산대."
"역시! 여기 이쁘다, 좀 이따 나와서 구경하자."

골목을 돌고 돌아 호텔에 도착했다. 잠깐만 쉬자고 누웠다가 다음 날까지 푹 자버렸다. 덕분에 일찍 기상했다. 시차 적응할 틈도 없이 피곤하니까 몸이 알아서 그곳 시간에 적응했다. 가뿐해진 몸으로 숙소 문을 나섰다.

호텔 건너편 빵집에서 사 온 빵으로 아침을 먹고, 에펠탑을 보고, 유명한 샹젤리제 거리도 걷고, 몽파르나스 묘지도 들렀다.

가족 여행으로 이곳에 온 적이 있었다. 그때 파리는 생각했던 것만큼 감흥이 넘치지는 않았던 도시였다. 후덥지근한데 흐리던 날씨, 피곤하던 몸, 좁았던 숙소까지. 그다지 좋지 않게 남아 있는 기억들이 떠올랐다. 맑은 날씨 덕분일까? 생각했던 모든 것이 잘 풀려 만족스러웠다. 다시 만난 파리는 나에게 낭만적인 도시로 다시 자리 잡았다.

파리의 마지막을 야경으로 장식하기 위해 몽파르나스 타워에 올랐다. 엄마는 뒤에 앉아 여유롭게 책을 읽고, 나는 야경을 찍는 사람들 틈에 서 있었다. 해가 아주 천천히 지고 있었다. 파리의 시내를 내려다보는데 이상하게 실감 났다.

내가 파리에 있다니, 곧 순례길을 걸을 거라니!

잘할 수 있을까? 이런 의심은 하지 않았다. 나는 원래 근자감(근거 없는 자신감)으로 가득 찬 사람이라 이유는 알 수 없지만 잘 완주할 거라는 생각이 들었다. 엄마한테는 그래도 조금 내숭을 떨었다.

"잘할 수 있을까? 우리가?"

엄마는 희망찬 말을 쏟아 부어 줬다. 그래, 힘이 난다! 파리의 야경을 뒤로한 채 숙소로 향했다. 내일 드디어 우리는 순례길을 걸으러 간다!

호텔 앞 빵집에서 사 온 빵

몽파르나스 타워에서 본 파리 시내 야경

02

생
장
피
드
포
르

St. Jean Pied de Port

드디어 순례길의 시작점, 생장피드포르로 가는 열차에 올랐다! 길을 잃을까 걱정되는 마음에 하루 전날 역에 와보기까지 했다. 예습한 보람이 있었다. 순조롭게 전광판에 뜬 번호를 찾고 열차에 탑승했다. 5시간쯤 이동해 도착하는 곳은 바욘(Bayonne). 바욘에서 작은 열차로 갈아타 1시간 정도 이동하면 그곳이 우리의 목적지인 생장피드포르이다.

바욘역 앞의 케밥 집에서 점심을 해결하고 역 안에서 열차를 기다렸다. 옆에 앉은 사람은 한국인 여자. 낯익은 글자로 빼곡히 일기를 적고 있었다. 저 사람도 지금 설레는 여행의 시작을 맞고 있겠지. 괜히 반가운 마음이 들었다. 엄마는 가게의 진열대를 꼼꼼히 살피더니 조그만 노트를 하나 샀다. 이 노트에 무언가를 잔뜩 기록할 거란다. 노트에 무언가를 쓰는 엄마를 두고 나는 몸을 일으켰다. 열차가 왔나 보려고 역 밖으로 나가보니, 안에서는 안 보였던 짧은 기차가 하나 도착해 있었다. 자전거 두 대를 기차에 싣고 있는 한국인 부부에게 이 기차가 그 기차가 맞는지 물었다. 그렇단다. 엄마를 불러와 기차에 올라탔다.

주변을 살펴보니 자기 몸집만 한 배낭을 선반 위에 올리는 사람, 우리 가방만 한 크기의 배낭을 안고 있는 사람들이 보였다. 대부분 순례길을 걸으러 온 사람들이겠지? 건너편에선 한국인들이 옹기종기 모여 앉아 이야기를 나누고 있었다. 일부러 모여 앉은 건 아닌 듯한데 어쩌다 모여 앉았나 보다. 한국인들이 많다더니 정말 많았다.

낯선 기차에서 익숙한 말로 오가는 대화를 듣다 보니 이상하게 순례길에 왔다는 실감이 났다. 내일 이 시간이면 걷고 있겠구나. 엄마 손을 꼭 잡았다. 우리 가는 거야? 로 시작해서 한 달 만에 와버렸다. 무모하지만 어떻게든 해내겠지. 창밖을 보며 멍을 때리다 보니 어느새 생장이었다.

조그마한 역사가 보였다. 열차를 기다리는 순례자들의 것인지 역사 옆에 줄지어 놓인 가방과 신발들이 보였다. 후덥지근했다. 일단 같은 열차에서 내린 사람들을 따라 걸었다. 이들만 쫓아가면 금방 나올 것 같던 사무소가 보이지 않았다. 한국인으로 보이는 부자가 우리를 향해 손을 흔들어 보였다. 따라오라는 뜻! 냉큼 따라갔더니 골목 사이로 사무실이 나타났다. 오르막길을 잠깐 올랐을 뿐인데 땀이 비 오듯이 흘렀다. 이 체력으로 내일 산은 어떻게 넘지?

봉사자가 어서 들어와서 앉으라며 손짓했다. 봉사자의 얼굴에 웃음이 가득했다. 사무소에 들어와서 진짜 해야 할 일에는 관심도 없고 숨만 고르고 있는 우리가 웃겼나 보다. 우리도 같이 웃다 자리에 앉았다.

생장피드포르에 도착해서 가장 먼저 해야 할 일은 이 사무소에 오는 거다. 사무소에서는 순례자 여권인 크레덴시알(Credencial)을 만든다. 순례자로 등록하기 위한 절차다. 길에서 생활하는 동안 알베르게나 식당, 바,

카페 등에서 여권에 스탬프를 받을 수 있다. 모은 스탬프가 순례길을 걸었다는 증명이 되어 나중에 순례증명서를 발급받을 수 있다.

기부금을 넣고 가리비를 챙겼다. 순례자의 상징인 가리비 껍데기다. 구석의 바구니에 쌓여 있었다. 적당한 돈을 넣고 마음에 드는 것으로 골랐다. 순례길을 걸으며 곳곳에서 구할 수 있지만, 생장의 가리비는 조금 더 특별한 의미가 있는 것 같다. 사무소에서는 오늘 묵을 알베르게까지 소개해주었다. 55번 알베르게였다.

생장의 알베르게는 이름 대신 번지수로 불렸다. 쭉 뻗은 길에 있는 건물마다 번호가 달려 있다. 36번, 39번, 그리고 이 골목길의 끝 즈음에 55번 알베르게. 한국인 순례자 커뮤니티에서는 나름 깔끔하기로 유명한 알베르게였다. 우리를 반겨주시는 순례길의 봉사자, 호스피탈레로의 안내에 따라 여권과 크레덴시알을 내밀었다. 첫 도장도 받고, 아직 낯선 유로로 돈을 세서 내고, 돌계단을 내려가면 나오는 지하 방의 침대를 배정받았다. 2층 침대다!

"늙은 어미가 2층에 올라가서 자야겠니?"

엄마의 말에 군말 없이 내가 2층으로 올랐다.

짐을 대충 풀었다. 마을 구경도 할 겸, 동키 서비스도 신청할 겸 알베르게를 나섰다. 동키는 고된 순례길에 무거운 짐이라도 덜고 걸을 수 있도록 다음 목적지까지 짐을 날라주는 서비스다. 보통 알베르게 주인에게 말하면 신청할 수 있으며, 간혹 서비스 업체에 직접 전화해야 한다. 생장의 경우 동키 서비스 사무실이 따로 있다.

동키를 신청하면 가방에 묶을 수 있게끔 끈이 달린 동키 봉투를 준다.

그 안에 돈을 넣고 짐에 매달아서 알베르게의 입구에 놓아두면 된다. 설명을 듣고 봉투를 받은 뒤, 아래 있는 슈퍼마켓으로 향했다. 과일을 몇 개 집고, 물과 맥주를 사서 다시 숙소에 들어왔다. 바람이 솔솔 불었다. 창문 앞에서 엄마는 맥주를 마시고 나는 물을 한 병 마셨다. 시작이 정말 좋았다.

그래, 시작이 너무 좋았다….

방에 가만히 앉아만 있어도 덥고 답답한 날씨였다. 거기다 파리 몇 마리가 날아다니고 있었다. 파리가 거슬린다고 손을 날리던 엄마는 덥다며 푸념하기 시작했다. 생장에 오자마자 의욕이 다 빠져 보이는 엄마를 보자 불안해졌다. 나는 아직도 자신감이 충만한 상태라 잘 걸을 것 같은데 걱정하지도 않았던 엄마가 기운이 없다니. 내일 이러다가 못 간다고 그만두는 건 아닌가 싶기도 하고… 잠깐만, 여기서 그만두면 돌아가는 비행기 날짜까진 뭘 하지? 유럽여행을 하나?

실없는 생각을 했다. 엄마 걱정에, 걱정 때문에 펼쳐지는 상상의 나래에… 산책이나 나갈까 싶다가도 더운 날씨가 발목을 붙잡았다. 그냥 일찍 잠을 청하기로 했다. 덕분에 다음 날 알람 없이도 일찍 일어났다.

새벽이었다. 정원으로 나가 별구경을 했다. 별을 보니 시작을 앞뒀다는 실감이 확 났다. 나는 이제껏 별을 제대로 본 적이 한 번도 없었다. 밤에 가끔 저게 별인가? 하고 올려다보면 너무 미세한 크기라 저게 별인지 먼지인지 갸웃하게 되는, 그런 별들이 전부였다.

처음으로 본 별들이 신기해 엄마에게도 보여주고 싶었는데 엄마는 짐을 싸겠다며 단호하게 방으로 들어갔다. 엄마에게 별은 흔하디흔한 풍경이었던 모양이다. 다행히 선선한 날씨에 엄마 기분도 한결 나아 보였다. 자전거를 타고 온 순례자와 정원에서 잠시 이야기를 나눴다. 낯선 곳에서 낯선 사람과 이야기하면서 낯선 별을 보다니! 내가 상상했던 순례길다운 순간이었다.

03

론
세
스
바
예
스

Roncesvalles

대체 이런 걸 왜 가져가는 거냐며 엄마가 잔소리했던 김장 봉투가 첫날부터 위력을 발휘했다. 피레네산맥을 넘는 고된 길이라 짐을 동키 서비스로 보내려는데, 우리는 배낭을 각자 하나씩만 들고 온 터라 짐을 넣을 여분의 가방이 없었다. 대신 김장 봉투가 있었다! 걸으면서 필요한 것들을 제외한 나머지 짐을 봉투에 담아 꽁꽁 묶어 동키 짐을 모아두는 곳에 놓았다. 발가락 양말을 신고 등산 양말을 덧신었다. 한 겹만 신었다가는 발이 상하기 쉽다고 들었다. 발에 착 달라붙는 양말에 두꺼운 등산 양말을 겹쳐 신었다. 등산화도 신고 단단히 끈을 묶었다. 물도 챙겼다. 준비는 끝. 아침은 알베르게가 제공한 코코아와 토스트로 가볍게 해결했다.

해가 어렴풋이 뜬 시간이었다. 야심차게 숙소를 나섰다. 거기까진 완벽했는데 등산스틱이 펴지지 않았다. 자전거를 타고 순례길에 올랐다는 부부의 도움을 받아 길을 나섰다. 그들은 마을 골목길의 바닥이 울퉁불퉁해서 자전거를 끌고 가는 중이었다. 이런저런 이야기를 하다가 점심거리를 사가야 한다는 자전거 부부의 말에 아차! 급히 빵집으로 들어섰다. 피레네 산맥에는 점심을 해결할 만한 식당이 없다. 그래서 점심거리를 챙겨야 하는데 그걸 깜박했다.

음, 뭘 사지?

"다 하나씩 달라고 해, 올 원(All One)해!"

엄마가 속삭인 말을 그냥 웃어넘겼는데, 빵집 주인의 웃는 얼굴 앞에 서니 막상 뭐라고 해야 할지 머릿속이 백지장이 되었다. 그냥 엄마의 말대로 올 원! 을 외쳤다. 어리둥절한 빵집 주인 앞에서 빵 하나하나를 빠르게 가리키며 원원원 했더니 웃음을 터트렸다. 나도 민망해서 웃고 엄마도 빵 터졌다.

"오케이, 원, 원, 원⋯."

웃음 가득한 얼굴로 하나하나 빵을 담아주셨다. 점심거리 해결!

시작점까지 우리를 데려다준 자전거 부부 덕분에 헤매지 않고 순례의 첫발을 내디딜 수 있었다. 처음부터 오르막길이 등장했다. 고난이었다. 내 체력이 정말 바닥이란 게 느껴졌다. 엄마는 좀 다른가? 싶었는데 엄마도 힘들어하는 눈치였다. 걸은 지 5분 만에 지친 상황이 웃겨서 웃으면서 걸었다.

오르막길이 끝나고 내리막길이 시작되자 자전거를 끌고 올라오던 부부도 자전거에 올라타 신나게 페달을 밟았다. 그들을 다시 만날 수 있을까? 그나마 낯이 익은 사람들도 모두 앞서 가고, 엄마와 나는 조용한 길에 남겨졌다.

지나가는 사람들이 하이, 봉쥬르, 올라, 그리고 가끔은 "부엔 까미노" 하며 인사를 해줬다. "부엔 까미노"는 "좋은 여정 되세요"라는 뜻으로 순례자가 서로에게 건네는 인사말이다. 전에 읽었던 순례기가 떠올랐다. 순례길 초반에는 모두가 '부엔 까미노' 하는 인사를 건네는 게 약간 수줍어서 초반에는 하이, 봉쥬르, 올라 하지만 순례길이 좀 익숙해지면 부엔 까미노를 남발하게 된다고. 그러고 보니 대뜸 부엔 까미노! 하고 인사를 건네기엔 머뭇거려지는 경향이 있었다. 남들도 그렇겠지? 하는 시답잖은 생각하며 걷고 있는데 뒤에서 힘찬 목소리가 들렸다.

"안녕!"
"저는 한국에서 왔어요, 태윤이에요."

헝가리에서 왔다는 크리스틴과 말을 텄다. 태윤의 발음이 너무 어려운 듯해서 윤이라고 부르라고 했는데, 약간 오해가 있었는지 크리스틴은 나를 '준'이라고 불렀다. 발음상 문제였겠지만 그 이름도 마음에 들었다. 초여름을 담은 애칭 같았다. 크리스틴이 밝고 호탕한 목소리로 왜 이곳에 왔냐고 물었다. 아, 이 순간을 대비해 어제 엄마랑 이야기를 나눴다. 엄마가 딱 한 문장으로 정리해줬던 이유를 그대로 옮겼다.

"우리가 이 길을 걸을 수 있다는 걸 우리 자신에게 보여주고 싶어서요!"

"오, 엄마랑 함께 왔나요?"

"저기 뒤에 저랑 똑같은 배낭 멘 여자 봤어요? 우리 엄마예요!"

"정말? 정말 젊어 보이던데, 엄마라고요?"

"우리 엄마야! 우리 엄마가 좀 동안이죠?"

엄마의 동안 얼굴은 그 이후로도 자주 이야깃거리가 됐다. 엄마를 소개할 때면 모두가 나한테 저 사람이 네 엄마라고? 친구 아니고? 자매 아니고? 하는 질문을 잇달아 하고는 했다.

"15년 전쯤인가 이 순례길을 알았지만 당시에는 별 관심이 없었어요. 걸을 이유가 없었거든요. 그런데 최근에 많은 이별을 경험했어요. 정말 힘든 시기를 겪었는데 이 길을 걷고 나면 좀 나아질 것 같아서 오게 됐어요."

"이야기 들려줘서 고마워요, 분명 나아질 거예요! 당신의 길에 행운을 빌게요."

"고마워요. 저는 올해는 열흘만 걸을 예정이에요. 끝나면 마드리드에서 우리 아들들과 함께 가족 여행을 할 예정이고요! 참, 몇 살인지 안 물어봤네요."

"저는 열여섯 살이에요!"

"와, 제 아들하고 나이가 같네요. 당신들은 내가 까미노에서 처음 만난 사람들이에요!'"

생장피드포르에서 약 8킬로미터 떨어진 지점에 있는 오리손(Orisson)까지 가는 길은 생각보다 험했다. 오르막길, 오르막길, 오르막길… 천천히 오르는 사이 많은 사람이 우리를 스치고 지나갔다. 하이, 봉쥬르, 올라, 부엔 까미노….

이 끝없는 오르막길의 끝은 어디일까, 생각하며 걷는데 저 아래에서 해맑게 손을 흔드는 엄마가 보였다. 손을 마주 흔들어 보이고, 걷고, 걷다 보니 어느 순간 산장이 보였다. 아, 오리손이다!

나는 시원한 초코아이스크림을 엄마는 커피를 주문했다. 엄마가 얼음을 아득아득 씹고 싶대서 얼음도 받아왔다. 산장이라 그런지 직원은 정말 작은 단자에서 얼음을 하나하나 세어가며 신중하게 꺼냈다. 얼음을 집은 손과 집게가 바들바들 떨리는 것 같기도 했다. 뜨거운 커피에 들어간 얼음 몇 조각은 이미 녹아서 형체조차 찾을 수 없었다. 그렇다고 조금 있는 얼음을 더 달라고 하기엔 너무 미안해서 그냥 좀 미지근하게 먹으라고 엄마한테 잔을 건넸다.

금방 아이스크림을 해치우고 열기가 잔뜩 오른 발을 식히다가 산장으로 들어오는 한국인 순례자를 보았다. 그는 오리손 산장에서 하루 묵을 예정이란다. 오리손에서 하루 쉬었다 가기, 너무 좋은 생각이다! 험한 피레네산맥을 이틀에 나누어 걸으면 조금 더 수월할 테고, 이 조용한 산장에서 첫날의 설레는 기분을 즐기고 기록하는 것도 특별한 시작일 것 같았다.

산장에서의 단꿈은 접고 짧은 휴식을 뒤로한 채 엄마가 먼저 출발했다. 나는 벗어두었던 신발을 다시 챙겨 신고 뒤늦게 따라갔다. 유난히 길에 사람이 없었다. 옆으로 펼쳐진 광활한 풍경에 감탄이 절로 나왔다. 풍경을 마주 보고 바닥에 앉았다. 바람이 솔솔 불어오고 햇빛은 적당히 내리비쳤다. 보기만 해도 행복해지는 풍경을 카메라에 담았다. 펼쳐진 길을 즐기고 있다 보니 엄마가 부르는 소리가 들렸다. 엄마가 가까이 있나? 훌쩍 일어나 걷다 보니 앉아있는 엄마가 보였다. 배가 조금 출출했다.

"엄마, 점심 먹을까?"

열두 시쯤이었다. 잔디밭에 앉아 아침에 사 온 빵들을 하나하나 해치웠다. 초콜릿이 박힌 빵이 입에 잘 맞았다. 달콤한 탄수화물이 들어가니 기운이 막 돌았다. 그때 우리를 생장피드포르 사무소까지 안내해줬던 한국인 부자가 지나갔다. 아저씨가 포도당 캔디랑 약과를 주머니에서 한가득 꺼내 나눠주셨다. 부자 아저씨는 그 이후로도 마주칠 때마다 포도당 캔디, 약과를 주셨다. 천사 아저씨… 감사하다고 받았다. 당을 듬뿍 충전하고 다시 걷기 시작했다.

우리는 정말 신나게 걸었다. 이야기도 하고, 걷다가 웃기도 하고… 단합도 잘 됐다. 엄마, 쉴까? 하고 찡긋하면 누구보다 빠르게 주저앉아서 10분이고 20분이고 수다를 떨다가 다시 또 걸었다. 어느 순간부턴가 우리를 스쳐 지나가는 사람들이 몰라보게 적어졌다.
날씨는 점점 더워지고 물은 떨어져 갈 무렵 정말 수상한 울타리를 보았다. 시원한 물이 쏟아지는 수돗가 바로 옆에 생뚱맞게 쳐져 있었다. 일단 물병에 물을 채웠다. 잠시 앉아서 쉬는데 아무리 봐도 저 울타리는 너무 이상했다. 평범하기 그지없던 산길에 난데없이 등장한 울타리. 나라와 나라 사이 경계를 그어둔 것이 아닌 이상, 이 생뚱맞음을 설명할 수 없었다.

"엄마, 여기가 혹시 국경일까?"
"글쎄, 이게 국경일까?"

"그런데 이게 국경 같아."

우리는 아직 프랑스에 있다. 오늘 피레네산맥을 넘어서 스페인의 첫 마을, 론세스바예스(Roncesvalles)로 들어간다. 그래서 산맥의 중간에 국경이 나온다. 어제 사무소에서 들은 설명대로라면 분명 그랬다. 걷다 보면 유일하게 있는 푸드트럭이 보일 거고 그곳을 지나면 국경이 있고….

휴대폰 배터리는 닳은 지 오래다. 강제로 아날로그였다. 허겁지겁 사무소에서 받은 지도를 펼쳤다. 우리가 걸은 거리를 어림짐작해서 선도 그어보고 지도에 실린 사진과 우리가 봤던 풍경을 비교해보며 이곳이 어디일까, 고심해봤다. 이거, 국경이 맞네!

그럼 푸드트럭도 이미 지났다는 거야? 그림자도 구경하지 못했는데! 푸드트럭에서 바나나든 양배추든 깨물어 먹겠다는 다짐으로 걸었는데 보지도 못했다니. 나중에 안 사실은 이렇다. 우리가 푸드트럭 마저 퇴근해버린 늦은 시각에 그곳을 지나갔다는 것.

엉겁결에 스페인으로 넘어 왔다. 더 이상 아무도 보이지 않았다. 우리만 남은 조용한 길. 걷다 보니 어제 사무소의 할아버지가 별표를 두 개 그려준 구역이 나왔다. 우회로로 가야 안전하다고 여러 번 강조했는데 노란 화살표는 반대 방향을 가리키고 있었다. 잠시 멈춰 의논을 했다. 사무소 할아버지가 알려주신 대로 가는 게 좋을 것 같은데 화살표는 다른 길을 알려주고 있으니….

결국 우회로를 탔다. 포장된 도로를 걷다가 숲길을 걸었다. 숲길은 2차선 도로로 이어졌다. 이 도로를 따라 내려가면 마을이 나올 것만 같았다.

오늘 우리는 생장피드포르에서 출발한 순례자의 대부분이 묵어가는 론세스바예스에서 잘 예정이었다. 순례자들이 많은 시즌에는 침대를 구하기 어려울 수 있다는 무시무시한 말도 들었다. 잘 곳을 구하지 못한 순례자들은 택시를 타고 다른 마을로 이동하기도 한다길래 예약을 했다. 옵션으로 함께 예약한 디너 시간은 7시.

새벽에 출발하는데 저녁 7시 전에는 무조건 도착하지 않을까? 당연하게 생각했다.

그런데 지금 시간이 몇 시인지 모호했다. 아무래도 저녁인 것 같은데. 디너 시간을 놓치면 어쩌나? 고민하며 도로를 뺑뺑 따라 내려가는데 엄마가 갑자기 외쳤다.

"윤아, 길을 잘못 든 것 같은데⋯."
"뭐라고?"

하루 내내 걷느라 진이 빠진 상태였다. 넋을 빼고 엄마를 따라 걷고 있던 터라 나도 방향을 확신하지 못했다.

엄마 말은, 아까 작은 노란 화살표가 다른 쪽을 가리키는 걸 본 것 같기도 하고, 안 본 것 같기도 하고, 근데 이 길은 걸어도 걸어도 마을 코빼기도 안 보여서 불안하고⋯ 휴대폰 전원은 이미 나간 상태고, 지나가는 사람들도 없고, 이미 꽤 한참을 내려와서 다시 돌아가기도 어려웠다. 지나가는 차에 대고 손을 흔들었다. 씽씽 지나가는 차들 사이로 택시 한 대가 멈췄다.

여기가 론세스바예스 가는 길이 맞나요? 택시 기사 아저씨가 예스, 고백! 백! 을 외치며 다시 출발했다. 불안해서 한 대를 더 불러 멈췄다. 캠핑 여행에 나선 듯한 가족이었다.

"맞아요. 론세스바예스는 여기서 2킬로미터 정도만 더 가면 돼요. 아주 가까우니 이렇게 쭉 따라가기만 하세요!"

안심하고 다시 길을 걸었다. 얼마간 조용히 걷던 엄마가 갑자기 웃었다.

"윤아, 근데 너 아까 택시 타려고 한 거지?"

사실이었다. 택시니까 순간 확 올라타서 론세스바예스까지 가주세요! 할 뻔했다. "고 백" 하라길래, 택시의 '백'에 타라는 건가 싶어 택시 뒷문 손잡이에 슬쩍 손을 올렸던 것도. 그러나 솔직하게 인정하기엔 멋쩍었다.

"엄마, 나 웃을 기분 아니야."

그리고 드디어 론세스바예스에 도착했다.

아까 헤매던 지점에서 15분 정도 걸렸다. 그런데 알베르게의 입구를 찾을 수가 없었다. 두리번거리던 와중에 호스피탈레로 조끼를 입은 남자가 보였다. 그의 뒤를 쫄쫄 따라갔다. 역시 그곳에 알베르게가 있었다. 아직도 몇 시인지 몰랐다. 신속하게 신발을 벗고, 가방을 내려놓고 체크인을 했다. 앞에 있던 사람에게 부탁해 시간을 확인하니 저녁 7시 반. 우리는 13시간 만에 피레네산맥을 넘었다!

오늘의 성공을 축하할 여유가 없었다. 빠르게 움직여야만 했다.

너희 식사 시간에 늦은 거 알지? 이 쿠폰 챙겨서 얼른 식당으로 달려가! 알베르게 호스트의 말에 씻지도 않고 후다닥 식당으로 달려갔다. 우리 쿠폰을 보더니 직원이 고개를 저었다.

"이건 7시 쿠폰이에요. 식사 시간에 늦었네요."
"그럼 저희 정말 밥 못 먹는 건가요?"

애타게 물었다. 직원은 잠시 고민하더니 그래, 뭐 어때, 하며 들여보내 주었다. 늦은 탓에 눈치가 보여 후다닥 메뉴를 고르고 빠르게 식사를 했다. 순례길 첫날의 식사에 대한 로망이 있었다. 같은 테이블에 앉은 사람들과 여유롭게 대화를 하며 즐기는 만찬! 그러기에 우린 너무 피곤했고 늦었다. 물 좀 건네줄래, 짧은 부탁의 말을 한 게 전부였다.

맨 처음 나온 파스타와 수프는 환상적인 맛이었고 소금과 후추를 뿌려 구운 돼지고기도 맛있었다. 하긴 지금 뭘 먹은들 맛이 없을 리가 있나! 근데 그걸 감안하더라도 정말 맛있었다. 먹는 사이 사람들이 하나둘 자리를 비웠다. 우리만 남았다. 웨이터들이 들어와 접시를 치웠다. 지각까지 하고, 청소하는데 남아있기가 눈치가 보여 디저트는 괜찮다고 한 뒤 후다 닥 나왔다.

밥 먹고 나오는 길에 제주도에 산다는 아저씨를 만났다. 내일 숙소도 예약하는 게 좋을 거라고 조언해주셨다. 론세스바예스 숙소만 구하면 그 뒤로는 알아서 굴러가겠지 싶었는데 팜플로나까지는 코스가 다 비슷하게 겹쳐서 숙소 대란이 일어나는 모양이었다. 아저씨가 예약했다는 숙소 이름을 받아두고 동키로 보낸 짐을 찾아 씻으러 들어갔다.

온종일 흘린 땀이 하얗게 말라붙어 있었다. 얼굴을 만져보니 조그만 소금이 굴러다녔다. 와, 피레네산맥을 넘었다니. 13시간 걸려서.

5초에 한 번씩 물이 나오는 버튼을 눌러줘야 하는 샤워기 밑에서 샤워를 마치고 2층 침대 위로 엉금엉금 기어 올라갔다. 오늘 찍은 사진도 확인하고 자야지, 했는데 침대에 누운 순간 잠에 빨려 들어갔다.

오리손 산장

피레네산맥 진입길

04

수
비
리

Zubiri

다리가 쑤시고 온몸이 쑤셔왔다. 꿈틀거리다가 어제 널어둔 옷들로 갈아입었다. 발가락 양말을 신는 데 한참 걸렸다. 아직 익숙하지 않아서 신다 보면 엄지발가락 자리에 검지 발가락까지 들어갔다. 겨우 제대로 신고 등산 양말까지 덧대어 신고서 엉금엉금 2층 침대를 기어 내려왔다. 계단을 밟는데 발이 아팠다. 화장실까지 가는 동안 다리를 제대로 펼 수가 없었다. 정말 온몸이 욱신거렸다.

잠이 덜 깼다. 알베르게의 많은 순례자가 이른 시간부터 나갈 채비를 하고 있었다. 잠을 깬 것도 순례자들의 웅성거리는 소리 때문이었다. 조용한 환경이었다면 아마 오후까지 뻗어 있었을 것 같았다. 양치질하고, 가방을 싸 들고, 알베르게 1층의 신발 방(신발장이라기엔 방의 크기다)에서 신발을 갈아 신었다. 어제만 해도 수돗물을 마시는 것에 거부감이 있었는데 하루 사이에 그 거부감이 사라졌다. 알베르게 앞 수도관에서 물병에 물을 가득 채우고 출발 사진을 찍었다. 이틀 차 시작!

알베르게 건물을 돌아 나오니 산티아고 데 콤포스텔라(Santiago de Compostela)까지 790킬로미터가 남았다는 표지판이 보였다. 790킬로미터라니. 생각보다 숫자가 커서 비현실적인 것 같기도 하고, 생각보다 숫자가 작아서 현실적으로 느껴지기도 했다. 오늘은 22킬로미터를 걸어서 작고 조용한 마을 수비리(Zubiri)까지 간다.

표지판 앞에서 눈썹 언니를 만났다. 눈썹 언니는 바욘역 옆자리에서 다이어리를 쓰던 언니다. 그 사이에 별명을 지었다. 이름도 모르고 아무것도 모르니 특징적인 걸 잡아서 별명을 지어 불렀다. 아들과 함께 온 아저씨는 부자(父子) 아저씨, 자전거 아저씨는 자전거 타니까 자전거 아저씨, 제주도에서 온 아저씨는 제주도 아저씨, 눈썹 언니는 눈썹이 진해서 눈썹 언니다. 오며 가며 두 번 마주친 게 다인데도 보니 반갑다. 오늘 어디까지 갈 생각이냐, 하면서 잠시 인사를 나눴다. 순례 이틀 차의 몸은 아주 무겁고 마음은 적당히 가벼웠다.

걷다가 보이는 바에서 아침을 먹기로 했다. 엄마는 햄과 치즈가 들어간 크루아상 샌드위치, 나는 오믈렛이 들어간 샌드위치를 시켜 먹었다. 음료도 시켰다. 나는 코코아, 엄마는 카페라테. 그리고 부족한 것 같아서 요플레도 하나 사서 나누어 먹었다. 배를 통통하게 불려 걷다 보니 정신이 좀 깼다. 숙소를 예약해야겠다는 생각이 치밀고 올라왔다. 별 생각 없었는데 어제 제주도 아저씨가 숙소를 예약했다는 말을 듣고 나니 우리도 해야겠단 생각이 들었던 거다.

영어로 전화해서 숙소를 예약해야 한다.

내게 너무 큰 미션이었다. 하지만 내 옆에는 토끼 같은 엄마가 있었고, 숙소 예약을 못 하면 큰일이 날 것만 같았다. 엄마를 상대로 전화 시나리오를 돌려봤다.

"캔 아이 메이크 어 리절베이션 포 올 투 베드 투데이?"

허접한 실력으로 혀를 열심히 굴리면서 말했더니 엄마가 윤아, 발음 좋다! 칭찬해주었다.

아 그래? 자신감이 붙어서 열심히 더 혀를 굴려봤다. 준비가 됐다 싶어서 전화를 걸었는데 받지 않았다. 나 지금 입 좀 풀렸는데… 지금 전화를 받아야 하는데… 전화 예약은 어쩔 수 없이 나중으로 미루고 계속 걸었다.

아기자기한 주택이 가득한 길. 자전거를 타고 씽 하니 달려오다가 우리를 보고 멈춰선 순례자들이 있었다. 자전거 부부다! 자전거 순례자는 도보 순례자들보다 두 배는 빨랐다. 어제 이후로 다시 만날 일이 없겠구나 싶었는데 다시 마주친 거다. 그때가 마지막이었다.

"어쩜 여기서 만나요, 오늘 어디까지 가세요?"
"팜플로나까지 가요. 평지니까 쭉쭉 밀고 가려고요."
"아하, 저희는 수비리까지 가요. 마지막으로 인사는 하게 되어서 좋네요. 까미노 완주 힘내세요!"
"그럼요. 힘내요!"

자전거 부부는 그렇게 멀어져갔다. 어제 만나서 오늘 헤어지는데 뭐가 이리 아쉬운지 모르겠다. 순례길을 걸으면서 이렇게 반갑고도 아쉬운 인사를 몇 번이나 더 하게 될까?

건다가 마주친 마을에서 화장실에 들러 볼 일도 해결하고 숙소도 예약하자는 것에 엄마랑 마음이 맞았다. 몸에 피로가 쌓였다. 내 속도는 자꾸만 느려지는데 엄마는 기운이 도는 지 유난히 빨랐다. 마을에 들어서자 엄마가 저 멀리서 손을 이리저리 흔들면서 어딘가로 사라졌다. 엄마를 잃어버리면 안 돼! 후다닥 따라갔는데도 엄마는 그사이 어디로 갔는지 보이지 않았다. 이 근처 어디 카페에 있을 텐데… 문자를 했다. 느릿한 답이 왔다. 엄마는 '샹송'이 연주되는 카페 화장실에 있단다.

어떤 노래가 울려 퍼지는 카페 벤치에 앉긴 했는데 이게 샹송인지 삼성인지 음악에 대해선 문외한인 내가 어떻게 알겠나. 덕분에 이런 종류의 노래가 샹송이라는 걸 배웠다. 그렇게 찾아낸 엄마가 화장실에 있는 동안 나는 숙소에 전화했다.

먼저 제주도 아저씨가 예약했다는 '레오 알베르게'에 전화를 해봤다. 이미 풀이라는 대답을 듣고 2번째 후보로 봐둔 '잘디코 알베르게'에 전화를 해봤다. 한 번 해보니 무섭지도 않았다. 실제로 의사소통이 된다는 걸 확인하고 나자 자신감이 붙었다.

"네, 자리는 있어요. 이름과 도착 예정 시간이 어떻게 되나요?"

"이름은 태윤이고, 2시쯤에 도착 예정이에요."

"그래, 그런데 이 예약은 2시 전까지만 유효해요. 2시가 지나면 취소될 거예요."

"네, 알겠어요."

지금 오전 9시. 그 시간이면 수비리까지 충분히 갈 수 있을 것 같았다. 고마워! 하고 끊었는데, 어제 피레네산맥을 넘는 동안 13시간이 걸렸다는 게 갑자기 떠올랐다. 어제도 오전 10시쯤에 남은 거리와 시간을 계산해보다가 도착 시간을 오후 2시쯤으로 예상했지. 실제로는 몇 시에 도착했더라? 7시 반!

불안해졌다. 엄마한테 상황을 전달하고 서둘러 걷기로 했다. 하지만 피로가 쌓인 몸에, 원래 내 체력을 고려하면 쌩쌩할 리가 없었다. 가다가 결국은 바닥에 앉아서 쉬었다. 한 20여 분을 쉬다가 다시 일어나서 걸으려는데 다리가 저렸다. 다리가 너무 저려서 그냥 더 쉬자, 하고 주저앉았다. 한참을 앉아있는데 앞서간 엄마가 뒤늦게 생각났다. 겨우 일어나 걷다보니 엄마가 보였다.

"왜 이렇게 늦게 와?"
"어제 무리해서 힘이 좀 드네. 수비리까지 시간 맞춰 가야 하는데!"
"그럼 내가 먼저 가서 숙소를 잡아놓을게!"

좋은 생각이었다. 그래도 불안한 건 어쩔 수가 없다… 내가 유럽에 온 이후 엄마의 번역기 역할, 지도 역할, 사전 역할, 구글 역할 등등을 다 해내고 있어서 '엄마 불신병'이 약간 도졌다. 엄마가 이걸 할 수 있을까? 이 낯선 곳에서? 외우는 것만이 살길이다! 엄마 귀가 닳도록 달달 읊었다.

"엄마, 수비리에 도착하면 마을 초입에 잘디코라는 알베르게가 있어. 엄마 휴대폰에 이름을 저장해뒀으니까 길 잃으면 지나가는 사람한테 보여주고 어디 있냐고 물어봐. 알베르게 이름은 잘디코야 잘디코. 도착하면 내 이름 대고! 딸이라고 해. 체크인할 때는 여권하고 크레덴시알이 있어야 해, 그리고 돈도 거기 있어. 그리고 오늘 동키 보낸 거는 레오 알베르게로 보냈거든? 애는 더 마을 초입에 있어. 찾을 수 있으면 거기에 가서 짐도 찾아왔으면 좋겠는데, 짐 보관비가… 아니다, 짐은 찾지 말고… 일단 잘디코를 찾아서 들어가야 해. 우리 잘 자리만 확보해줘!"

어어, 말이 많아. 엄마만 믿어. 그렇게 엄마가 먼저 갔다.

누가 수비리 가는 길이 평지라 쉽다고 했는지… 고통스럽기 그지없었다. 평지라면서! 평지라면서! 오르막길이 이어졌다. 수비리 가는 길이 평지라고 한 그 이름 모를 사람들이 원망스러웠다. 햇빛은 갈수록 강렬해졌다. 부자 아저씨를 우연히 마주쳤다.

"점심은 먹었어요?"

시간도 모르고 걷고 있었다. 휴대폰을 확인해보니 이미 점심 때를 지났다. 밥은 챙겨 먹어야 할 텐데… 걱정스러운 눈길로 이것저것 물어보던 아저씨는 또 약과와 포도당 캔디를 주섬주섬 꺼냈다. 내 빈 물병을 보고 물도 나눠주셨다. 천사 아저씨는 먼저 앞서갔다.

오르막과 내리막이 번갈아 나오는 돌길이 이어졌다. 10분 걷고 10분 쉬기를 반복했다. 날씨는 덥고 한 걸음 내딛을 때마다 다리가 저려왔다. 힘들 때마다 죽상을 하고 주저앉아 있었더니 모든 사람이 내 앞에서 잠시 멈춰서서 물었다. 알유오케이? 두유니드헬프?

암파인… 암파인… 다 죽어가는 모습으로 '암파인' 하니 진정성이 떨어

졌나 보다. 믿을 수 없단 표정으로 사람들이 자꾸 뒤를 돌아봤다. 걱정을
덜어줘야지, 하며 펄떡 일어났다.

시간이 한참 흘렀다. 엄마는 잘 도착했을까? 중간에 길 잘못 든 건 아닐
까? 걱정되는 마음에 얼른 가고 싶은데도 몸이 따라주질 않았다. 발목이
시큰거리고 온몸이 욱신거렸다. 아저씨에게 나눠 받은 물마저도 떨어졌
다. 마지막 물 한 모금까지 싹싹 비웠고 휴대폰 전원도 꺼졌고(충전을 잘
하지 않는 습관이 있다), 이대로 수비리까지 안전하게 도착은 할 수 있을
까 싶은 순간 크리스틴이 나타났다.

"어제는 잘 도착했어요? 지금은 어때요?"
"많이 힘들어요…."
"내가 혹시 도와줄 건 없나요?"

물을 조금 부탁했다. 흔쾌히 나눠주었다. 크리스틴은 천천히 오라는 말
을 남기고 먼저 내려갔다. 나는 한 모금 한 모금씩 물을 아껴 마시며 천천
히 걸었다. 날씨는 너무나 덥고, 땀은 비 오듯이 흘렀다. 배출하는 만큼 수
분 보충이 절실하게 필요한데 물은 별로 없고… 홀로 재난영화를 찍는 기
분이었다. 그렇게 엉금엉금 내려온 길 끝에는 오아시스가 있었다!

파라솔이 쳐진 푸드트럭. 먼저 도착한 크리스틴이 자리를 비워뒀다며
손을 흔들어 보였다. 앉자마자 미리 사둔 이온 음료며 감자칩을 건네주며
챙겨주었다. 나 정말 당장에라도 쓰러질 것처럼 아슬아슬해 보였나 보다.
다정하게 챙겨주는 사람들이 정말 고마웠다.

배낭을 내려놓고 한숨 돌린 후에 푸드트럭에서 물을 한 병 샀다. 주인이
돈을 받고 거스름돈을 세는 사이에 물병 하나를 다 비우고 한 병을 더 샀

다. 수비리까지 3킬로미터가 남았단다.

마을에 이미 도착해 목이 빠져라 나를 기다리고 있을, 아니면 길 잃어서 헤매고 있을 엄마는 생각조차 안 났다. 그냥 너무 힘들었다. 몸은 지쳤고 머리도 안 돌아갔다. 근육을 쓰고 있지 않은데도 근육통이 계속 느껴졌다. 땀으로 젖은 티셔츠도, 피부에 말라붙은 짠 땀도 다 느껴졌다. 물만 꼴깍꼴깍 마시며 늘어져 있었다.

다시 엄마 생각이 슬슬 나기 시작할 때쯤 크리스틴에게 시간을 물어보았다. 오후 3시 반, 출발해야 했다.

정말 엄청난 돌길이 이어졌다. 심지어 이제는 내리막길이다. 돌길 내리막길….

차라리 이게 첫날이었다면 쌩쌩하게 걷고 엄마! 별거 아니다! 외쳤을 것 같다. 그러니까 길 자체는 그리 험하지는 않았다. 둘째 날이라 더욱더 힘들게 느껴졌을 뿐이다. 몸에 축적된 피로와 통증이 내리막길을 밟는 걸음 하나하나를 옥죄어왔다. 분명 내가 먼저 출발했는데 또 쌩쌩하게 뛰어 내려온 크리스틴이 힘내라는 말을 남기고 지나갔다. 또 몇 번 쉬다가 걷다가를 반복했다. 엉덩이에 흙이 달라붙든 말든 주저앉았는데, 저 멀리 건물의 지붕이 보였다. 세상에! 드디어 우리가 묵어갈 마을이 보였다.

순례길을 걸으며 느낀 건데, 멀리서라도 마을이 보이기 시작하면 마치 멀리 항해를 떠났다가 돌아오는 사람이 된 기분이었다. 배 갑판에 서서 망원경을 한참 들여다보고 있다가 외치는 거다. 마을이 보인다!

마을이 조금이나마 보이니 힘이 좀 더 났다. 엄마, 따뜻한 샤워, 시원한 물, 맛있는 밥… 이미 점심이 한참 지나 저녁때와 가까워졌다. 배고픈 줄도 모르고 걸었는데 갑자기 허기가 졌다. 곧 있으면 쓰러지는 거 아냐?

마을 초입의 다리 위에서, 어떤 사람들이 손을 막 흔들고 있었다. 시력이 좋지 않은 편이라서 손을 흔드는 사람의 형체만 보였다. 설마 나한테 흔드는 거야? 주변을 휙휙 보니 나밖에 없었다. 생판 모르는 사람들도 이렇게 반겨주는 건가…!

신나서 다리를 건넜더니 아, 조금 익숙한 얼굴들이었다. 알고 봤더니 엄마가 여기서 제주도 아저씨와 대전에서 왔다는 언니와 함께 내 이야기를 하고 있었단다. 딸이 곧 내려올 테니 물이랑 얼음을 가지고 오겠다며 엄마가 자리를 잠깐 비운 사이에 내가 도착한 거였다.

아저씨랑 언니가 웃으면서 엄마 이야기를 전해줬다. 엄마가 하도 걱정해서 죽상을 하고 내려올 줄 알았는데 너무 쌩쌩하게 웃으면서 와서 놀랐다고.

"엄마가 괜한 걱정 했네!"
"그러게요, 제가 생각보다 쌩쌩하게 왔어요!"

한참 웃었다. 그전까지 근육이 아프고 덥고 고통스럽다며 속으로 찡찡거렸던 건 덮었다. 마지막만 쌩쌩하게 잘 기어왔으면 됐지!

한참 아저씨와 언니와 이야기를 하다가 저녁에 다시 만나기로 하고 엄마를 찾으러 나섰다. 골목을 돌다가 하루 사이에 피부가 다 타버린 엄마를 만났다. 얼음과 물, 컵을 바리바리 들고 있는 엄마! 내 이름을 외치면서 달려드는 엄마가 너무 반갑고 웃겨서 눈물이 날 지경이었다.

엄마가 숙소로 가자며 손을 끌었다. 안 그래도 제주도 아저씨가 엄마가 숙소를 너무 잘 잡아놨다고 칭찬을 해서 궁금한 참이었다. 분명 내가 예약한 건 1인당 10유로의 평범한 도미토리 룸인데. 엄마가 수비리 도착한 뒤 어떤 일들이 있었는지 조잘조잘 이야기를 해줬다.

"네가 너무 걱정돼서 다리 앞에 벤치, 거기에 앉아서 오는 사람마다 가서 물었어. 등빨 좋고 파란 배낭 멘 우리 도럴, 봤냐고. 어떤 여자가 1시간 전쯤에 자기가 물도 주고 했다 길래 그거 하나 주워듣고 기다리고 있었지!"

"엄마, 짐은 어떻게 찾았어?"

"네가 말했던 게 기억나서 마을 제일 첫 번째 알베르게에 갔지! 거기 가서 아이 씩 마이백! 하고 외쳤더니 잘 알아 듣더라고. 우리 짐이 있어서 그냥 들고 나오는데, 제주도 아저씨가 갑자기 뛰어 나와! 익숙한 목소리가 들리는데 '씩' 하다는 게 귀에 박혔대. 아픈 건가? 하고 화들짝 놀라서 내려왔다길래 같이 앉아서 이야기하고 있었어!"

이야기를 듣는데 웃음이 자꾸 났다. 엄마의 모험담이 하나 같이 '항심'같아서 웃겼다. 자랑스럽게 내 손을 잡고 이끄는 엄마를 따라가며 숙소를 잡은 이야기도 들었다. 도착한 게 2시 40분, 예약은 취소됐고 알베르게는 이미 꽉 찬 상태였는데 주인이 2인실 독방을 권했다는 거다.

"36유로, 비싼 건가 아닌 건가 긴가민가했는데 일단 잡아 두고 대신 돈은 나중에 내겠다고 했어. 우리 딸 오면 확인받고 내려고 했지! 그러고 보니 돈부터 내야 한다. 돈을 내러 가자."

잘디코 알베르게로 향했다. 카운터에 앉아있던 사장에게 나를 자랑스럽게 가리키며 '마이 도럴!' 하고 소개해주는 엄마가 또 웃겨서 웃다가 돈을 냈다. 오늘의 도장도 받고 드디어 방으로 향했다. 우리만 쓸 수 있는 독방. 아늑하고 예뻤다. 잠깐 궁둥이만 붙여본 침대도 푹신푹신했다.

심지어 방 바로 앞에 욕실이 딸려 있었다. 공용 욕실이어도 쓰는 사람이 없어서 거의 전용 수준이었다. 욕실에서 따끈한 물로 샤워하고 옷을 갈아입으니 정말 상쾌했다. 빨래도 해두고 이것도 저것도 해뒀다는 엄마에게 잔뜩 칭찬을 해줬다.

"어떻게 이런 걸 다했어? 엄마 정말 너무 대단해!"
"믿으라니까, 엄마 잘해!"

대전 언니, 제주도 아저씨, 엄마, 나. 이렇게 넷이서 저녁 식사를 했다. 우리만의 소박한 축하 만찬이었다. 오늘도 오늘의 길을 걸어낸 것에 대해 웃으며 이야기를 나눴다. 언니와 아저씨의 히말라야 여행기를 즐겁게 들으며 메뉴를 골랐다. 엄마는 샐러드를, 언니는 빠에야를, 아저씨와 나는 이베리코 돼지뺨살 요리를 시켰다. 양념이 끼얹어진 고기와 감자튀김이 금방 서빙 됐다. 고기를 한입 잘라 쏙 먹었더니 세상에 이 맛은, 우리 엄마가 해준 단호박 가득 넣고 끓인 갈비찜. 그 맛이다!

"이거 먹으니까 우리 엄마가 보고 싶네요…."
"엄마 바로 앞에 있잖아!"

아, 눈앞에 있는 엄마도 보고 싶어지는 환상의 맛이었다. 밥만 있었으면 양념에다가 비벼 먹었을 것 같다. 그 정도로 환상! 맛있는 음식을 먹으니 다른 맛있는 음식이 떠올랐다. 팜플로나에 가면 드디어 라면을 먹을 수 있을 거다! 팜플로나는 우리가 순례길을 걸으며 만나게 될 다섯 개의 대도시 중 첫 번째 대도시였다. 대도시마다 한국 라면을 파는 가게들이 있다고 했다. 파리에 도착한 그 순간부터 라면이 땡겼는데 드디어!

"저, 내일은 그 라면만 보고 가려고요."

엄숙하게 말했다. 라면아, 내가 간다…!

어른들은 돼지 꼬리 간판이 인상적인 슈퍼마켓에서 산 과일과 와인을 들고 갔다. 냇가에서 발 담그고 파티를 할 거란다. 신이 난 어른들을 뒤로하고 나는 숙소로 돌아왔다. 더 이상의 체력이 남아 있지 않았다. 공용 부엌 의자에 앉아서 방명록도 읽어 보고 창밖도 구경하며 적막을 즐겼다. 오늘 그 힘들었던 길도 싹 잊혔다. 내일 걸을 힘이 생겼다.

8시 즈음인데 바깥은 아직 밝았다. 에어컨이 없었다. 날씨 앱을 켜보니 바깥 기온은 34도에 육박했다. 이 더위 속에서도 몸이 피곤하니 잠은 잘 왔다. 아, 단순한 삶이다. 먹고 걷고 먹고 자고….

"어쩌다가 학교를 그만뒀어요?"

나는 열여섯 살 학교 밖 청소년이다. 열네 살에 자퇴한 이후 이 질문을 자주 받았다. 그때마다 어떤 답변을 해야 할까 머릿속으로 고민했다. '학교 밖 청소년'은 나의 수많은 모습 중 하나일 뿐인데, 그게 내 전부로 보일까 봐 걱정스러웠다. 그래서 긴 고민 끝에, 조심스럽게 답한다. "학교 안에

서보다 밖이 저한테 더 잘 맞는 것 같았어요. 자유롭게 배우고 다양한 것을 겪어보고 싶어서요." 오늘도 이런 비슷한 말을 했다.

자유롭게 배우고 놀고 싶었다. 학교를 나오며 여러 선택지와 마주했다. 위클래스 상담 선생님은 대안 학교나 학교 밖 청소년을 위한 센터들을 권유했다. 나는 새로운 공간으로 몸을 옮기고 싶지는 않았다. 그 공간들이 품은 가치관이나 커리큘럼이 어떤지와는 상관없이 그냥 끌리지 않았다. 학교라는 집단에서 다른 집단으로 공간만 옮겨간다면 결국 똑같은 자리에 머무를 것만 같았다. 내가 바랐던 변화가 아니었다. 정말 홀로, 나의 오롯한 선택들로 배움을 꾸려나가고 싶었다. 혼자 해보기. 학교를 떠나면서 마음에 심은 고집 하나였다.

다만 14살, 15살쯤 되는 청소년이 학교 밖에서 혼자 할 수 있는 일은 별로 없었다. '필름 카메라 써보기', '스페인어 배우기' 같은 것들을 하고 싶은데 수학이나 공부해야 할 시간에 이런 걸 배워도 되나? 하는 망설임도 있었다. 시작에는 많은 용기와 의지가 필요했다. 나에게는 그런 용기와 의지가 조금 부족했을지도 모르겠다.

시작하기를 망설이다 보니 결국 나에게 남은 유일한 선택지는 공부였다. 청소년이 자유롭게 할 수 있는 것, 적어도 내가 혼자 할 수 있었던 것이 공부뿐이었다. 언젠가는 해야 하기도 했다. 매일 도서관에 갔다. 자퇴후 일 년, 두 번의 검정고시를 치르고 고등학교까지의 졸업 자격을 땄다.

나름 세웠던 목표를 달성하고 나니 할 일이 없었다. 나는 일종의 강박에도 시달리고 있었다. 사회에서 정해둔 틀에서 벗어난 내가 부족하게 느껴졌다. 시선들이 신경 쓰였다. 내가 자퇴한 사실이 평생 내 꼬리표가 될 거라고 생각했다. 나의 영원한 마이너스 요인, 그를 극복하기 위해서는 성공해야만 했다.

내가 생각했던 자퇴생으로서의 성공은 입시에서의 성공이었다. 대다수의 사람이 걷는 루트를 나의 의지로 벗어났음에도 불구하고 나는 다시 그 루트로 편입되기를 원했다. 기왕이면 아주 성공적으로, 누구나 고개를 끄덕여줄 만한 방식으로 말이다. '14살에 학교 그만둔 용감한 청소년, 수능 만점을 맞다!', 혹은 '14살에 학교 그만둔 청소년, 16살 나이로 대학에 입학하다!' 같이. 고등학교 졸업 자격도 생겼겠다, 자연스럽게 수능을 준비하려고 했다. 다만 하고 싶은 것이 뚜렷하지 않은 상태에서 준비하는 입시는 무척이나 벅찼다.

나는 자주 누워있었고 책을 펼쳤다가도 금방 덮었다. 방의 불을 켜지 않고 하루를 보내기도 했고 누워서 과자만 주워 먹기도 했다. 정말 막막했다. 암담하기도 하고… 그 사이 서울로 상경했다. 대학생이 된 언니와 같이 자취방을 구해 살기로 했다. 서울에 가서 많은 걸 보고 배우라는 부모님의 뜻이었다. 자주 만나던 학교 친구들과도 자연스럽게 거리가 생겼다. 서울에서 나는 조금 더 무기력해졌다.

어느 날 서울 집에 들른 엄마에게 이런 마음을 털어놓으면서 펑펑 울었다. 뒤늦게 알았지만 엄마도 집으로 돌아가는 길에 펑펑 울었다고 했다. 엄마의 속도 아주 쓰렸을 거다. 그리고 두어 달쯤 지난 뒤 나온 이야기가 산티아고 순례길 여행이었다.

단순한 도피였던 것도 같다. 딱히 미래를 위해서 무언가를 하지 않아도 눈치를 안 볼 수 있을 시간. 그러면서도 올해 성취한 일이 하나쯤은 생길 테니 요즘 뭐하냐는 질문에 답할 말이 하나는 생기겠다 싶었다. 그렇게 막

연히 산티아고를 걷게 되었다. 그렇게 지금 길을 걷고 있다.

　조금 별개의 이야기인 것도 같지만 산티아고를 걸으면서 마주하는 어른들의 반응이 정말 좋았다. 학교 밖 청소년인 나의 상황이 대수롭지 않다는 식이었다. 오히려 내가 멋쩍어질 만큼 칭찬의 말을 건네주고는 했다. 산티아고를 걸으며 난생처음으로 세상을 마주하는 기분이 들었다. 순례길에서 내가 만난 세상과 사람들의 눈빛이 따뜻해서 기뻤다.

걷다가 만난 마을에서의 아침 식사

수비리 냇가에서 와인 파티

05

팜플로나

Pamplona

엄마… 한 걸음 걸을 때마다 머리가 끝까지 쑤셔.

하룻밤 사이에 더 심각해진 몸 상태가 뼈저리게 느껴졌다. 발을 옮길 때마다 세상을 등에 짊어진 듯한 무게가 느껴졌다.

어제 창가에 널어둔 양말 두 겹을 겹쳐 신었다. 하루 이틀 신어보았다고 조금 더 익숙해졌다. 양치 세수를 하고 짐을 싼 이후 숙소를 나섰다. 냉동실에 꽝꽝 얼린 물들을 가방 양옆에 꽂으니 든든했다.

꽝꽝 얼린 물을 보면 소풍날이 떠오른다. 시원한 물을 지나치게 좋아했던 나는 항상 물을 두 병 챙겼다. 한 병은 얼리고 한 병은 그냥. 소풍지에 도착할 때쯤 녹은 물을 다 마시고, 남은 얼음물 병에 그냥 가져간 물을 부어서 먹었다. 그렇게 먹으면 끝까지 시원하게 먹을 수 있었다.

하지만 지금 우리는 소풍을 나온 게 아니다… 물을 아무리 꽝꽝 얼려왔어도 땡볕 아래에서 금세 미지근해졌다. 햇볕이 제일 강할 때 마시는 물은 한 번 끓어오른 듯 뜨겁기까지 했다. 겨울에도 찬물을 먹는 나로서는 정말 힘든 일이었다. 미지근한 물은 갈증을 달래주지 못했다. 양도 부족했다. 2 리터짜리 두 병을 꽂고 걸어도 도착하기 한참 전에 다 비웠다. 중간에 수 돗가나 마트를 만나면 다행이지만, 아무것도 없는 길을 걸을 때가 더 잦았 다. 그러다 보니 대낮에는 물도 부족하고 체력도 떨어진 상황에서 혼자 스 펙타클한 서바이벌 장르의 영화를 찍으면서 걷게 되었다. 물을 그렇게 많 이 먹는데도 땀을 많이 흘려서 화장실은 생각도 안 났다. 그건 편했다! 마 시는 대로 나오지 않고 다른 곳들로 싹 다 빠지니 말이다.

딱 첫날만 짐을 동키 서비스로 보내자는 본래의 계획과는 달리 셋째 날 까지 보내게 됐다. 여기서 어깨마저 무거워지면 중간에 주저앉을 것 같았 다. 그렇게 주렁주렁 짐을 다 쏟아 넣은 김장 봉투에 동키 봉투를 매달았 다. 알베르게 내부, 제일 눈에 잘 보이는 곳에 짐을 두고 가벼운 몸으로 걷 기 시작했다. 방에서 맨발로 어기적거릴 때는 너무 아픈데 양말 두 겹과 제대로 된 신발을 신고 스틱까지 두 손에 잡으면 신기하게도 안 아팠다.
반가운 얼굴을 만났다. 눈썹 언니! 어제 푸드트럭에서 헤어지고 못 만났 었다. 온 동네의 숙소가 다 꽉 찼다는 소식을 제주도 아저씨한테서 듣고, 뒤에 내려올 언니는 어디서 자려나 걱정했는데 다행히 예약이 취소된 자 리를 잡았다고 했다.
눈썹 언니와 어제의 힘들었던 길을 이야기하며 마을 밖으로 걸어 나왔 다. 오늘은 23킬로미터 떨어진 팜플로나(Pamplona)까지 걸을 예정이었 다. 고도 표를 보니 평탄해 보였다. 순례길에서 처음으로 들어서는 대도 시였다.

싱글벙글 걷던 엄마가 대뜸 멈추더니 사진을 찍어달라고 했다. 뒤에 보이는 마을이 예쁘다고. 그러고 보니 예쁜 마을이다. 빨간 지붕으로 된 건물들로 꽉 찼다. 벌써 포즈를 잡고 있는 엄마가 웃겨서 휴대폰을 꺼냈다.

오늘의 엄마는 아주 꽁꽁 싸맸다. 보이는 살이 없다. 탄 자국을 보고 충격을 받은 탓이다. 그도 그럴 게 엄마는 정말 제대로 탔다. 어떤 옷을 입었었는지 알 수 있을 정도로 자국이 제대로 남았다. 중간에 나온 쉼터에서 물을 보충했다. 잠시 앉아 옆에 앉은 고양이와 놀고 있는데 낯익은 우리말로 누군가가 말을 걸어왔다.

"안녕하세요, 광주에서 온 모녀 맞죠?"

우리를 어떻게 아냐며 물었더니 그 언니가 반갑게 웃으며 답했다.

"피레네산맥을 넘을 때 너무 늦어서 걱정하면서 갔거든요. 자전거 타던 부부가 그러시더라고요. 저 뒤에 광주에서 온 모녀가 오니까 걱정하지 말고 가라고요. 그 뒤로 그 광주 모녀가 어딨을까 하면서 찾았어요. 부자는 봤어도 모녀를 못 봐서 어딨나 싶었는데 드디어 만났네요!"

한참 웃어버렸다. 우리가 마지막으로 온 건 맞지. 그 말이 다시 생각해도 정말 재미있었다. 게다가 우리가 누군가의 위안이 되었다니, 자전거 부부가 그런 말을 남기고 갔다니 말이다.

"그래, 어젠 우리가 꼴찌였을 거야."

웃음과 함께 엄마는 속도를 내서 갔다. 은영이라고 자신을 소개한 언니와 발을 맞추어 걸었다. 한참을 걷다 보니 우리를 앞서간 엄마가 보였다. 엄마 앞엔 시원해 보이는 계곡이 흐르고 있었다.

"윤아, 여기 물에 발 담그고 가!"

엄마는 노트에 무언가를 열심히 기록하고 있었다. 나와 언니는 양말을 벗고 계곡에 발을 담갔다. 시원한 물이 후끈한 발을 식혀주었다. 오늘도 엄마가 먼저 도착할 것 같았다. 오늘의 목적지를 알려주고 엄마를 보냈다. 발이 시릴 때쯤 엉거주춤 물에서 나왔다.

걸으며 엄마를 한 번쯤은 더 마주치지 않을까 싶었는데 엄마는 빨랐다. 얼마나 빨리 간 거야! 하필 엄마가 중요한 건 다 들고 갔다. 돈, 여권, 크레덴시알… 그 와중에 물이 다 떨어졌다. 시원한 물을 새로 사야 하는데 나에겐 땡전 한 푼이 없었다. 은영 언니한테 2유로를 빌렸다. 언니, 제가 꼭 갚을게요.

시원한 물을 들이켜고 엄마를 따라잡자며 후다닥 걷기 시작했다. 은영 언니와 나는 속도가 정말 잘 맞았다. 다만 언니는 쉬지 않고 이 속도로 꾸준히 걸었고 나는 이 속도로 꾸준히 걷다가 자주 주저앉았다는 것.

나는 은영 언니한테 맞춰서 조금 덜 쉬었고 은영 언니는 나한테 맞춰 좀 더 쉬었다. 걷다 보니 강이 나왔다. 사람과 강아지들이 해맑게 뛰어 놀고 수영하고 있었다. 와, 너무 즐거워 보였다. 평일 오후에 이렇게 여유롭고 재미있게 물놀이를 즐길 수 있다니. 나도 끼어들고 싶어졌지만 수영을 못하니 참았다. 걷다 보니 팜플로나까지 8킬로미터가 남았다는 표지판도 보였다. 시간은 고작 12시. 나는 내 인생 최고의 속도를 내고 있었다!

"언니, 저 언니랑 걸으니까 너무 빨리 걷고 있어요. 8킬로 남았다니. 기적이에요."
"그래 윤아, 힘내서 가자!"

기적이긴 했지만 내 몸은 상당히 흐느적거리고 있었다. 순례길 걸으면서 가장 못 할 짓을 은영 언니한테 했다… 치대고 징징거리기. 징징거리는 애를 달래서 같이 걷는 일은 정말 보살이 아니면 못 할 일이었을 거다.

"언니, 저기 저 벤치가 너무 예쁘고 잘 다듬어졌네요. 마치 사람이 앉기를 기다리는 것 같아요."
"안 돼 윤아, 걷자… 가자… 힘내자…."
"언니, 저희 딱 5분만 쉬고 갈까요…."
"안돼 윤아, 가자 걷자…."
"언니…."
"윤아, 라면을 생각해… 팜플로나 가면 라면…."
"이젠 라면 따위가 무슨 소용인가 싶네요… 그래도 라면이라면…."

이 코너 끝에 마을이 나왔으면 좋겠다고 생각하면서 걷고 또 걸었다. 저 멀리 마을이 보이는데 저기가 팜플로나는 아닐까요? 하면서 걸었다. 물론 그 마을은 팜플로나가 아니었다. 그리고 그다음 마을도, 다음 마을도… 내리막길을 걸을 때 무릎 통증을 줄이는 방법을 배웠다. 지그재그로 걷는 거다! 언니가 과학적으로 설명까지 해줬다.

"산 내려올 때도 쭉 이렇게 직선으로 안 내려오고 돌고 돌아서 내려오잖아, 그런 거야."

"와, 정말 이렇게 걸으니까 통증이 덜해요."

"그치!"

"근데 이러니까 더 힘드네요… 무릎을 더 갈아 넣고 말래요…."

정말 심하게 징징거렸다. 은영 언니는 보살이 분명했다. 오랜만에 만나는 것 같은 그늘에서 잠시 숨을 돌렸다. 날씨는 푹푹 쪘다. 이 그늘을 벗어나면 펼쳐질 땡볕들이 두려웠다.

아마도 은영 언니가 없었다면 가던 길을 멈추고 그늘에서 노숙했을지도 모른다. 언니가 가자고 끌어준 덕분에 겨우 다시 걷기 시작했다. 마을이 또 나왔다. 이 마을이 팜플로나일까? 역시 아니었다. 딱딱한 아스팔트를 걷자니 발이 더 아팠다. 잘 포장된 도로를 걷는 게 더 수월하지 않을까 생각했었는데 아니었다. 폭신폭신한 흙길이나 풀밭이 발의 충격을 흡수해 줘서 걷기는 더 좋았다. 뜨겁게 달아오른 아스팔트 도로를 걷다 보니 길을 헷갈릴 만한 지점이 자꾸 나왔다. 도시라는 것이 느껴졌다. 우리 엄마, 잘 갔겠지?

1초에 한 번씩 주저앉고 싶은 마음을 이겨내며 걷다 보니 드디어 팜플로나 초입이었다. 언니… 해냈어요! 해낸 건 둘째 치고 알베르게까지 10분만 걸어가면 된다니까 맘이 놓여서 그냥 주저앉았다. 은영 언니를 먼저 보냈다. 마음 같아서는 거기서 그냥 누워서 하룻밤 자고 싶었다.

휴식은 걷는 데 도움이 되지 않았다. 발의 긴장이 풀린 상태에서 다시 걸으면 배로 고통스러웠다. 그걸 뼈저리게 깨달았다. 골목 끝에 익숙한 실루

엣이 보였다. 알베르게 앞, 까만 민소매를 입고 앉아있는 여자는 우리 엄마고 그 옆에 있는 사람은 제주도 아저씨였다. 엄마! 하고 몇 번을 불렀는데 엄마고 아저씨고 나를 알아보질 못했다. 갑자기 펑펑 눈물이 났다.

내가 이 고생을 하면서 걸어왔는데 우리 엄마는 나를 알아보지도 못하고, 다리는 아프고, 덥고, 서러움이 몰아쳤다.

"아니, 나는 네가 이쪽에서 올 줄 알고 이쪽만 보고 있었지. 윤아, 왜 울어!"

우는 나를 벤치에 앉혀놓고 아저씨는 슬쩍 맥주를 건넸다.

"맥주라도 마실래?"
"아저씨 저 열여섯이에요…."

드디어 알베르게에 들어왔다. 실내가 전부 트여있는 대형 알베르게였다. 5초에 한 번씩 멈추는 샤워기 아래서 샤워를 하고 3층 부엌으로 올라갔다. 탁 트인 3층 공간이 참 좋았다. 부엌이 있는 공립 알베르게는 처음이었다. 남은 프리푸드나 조리도구들을 구경하다 근처 중국 마트에서 사 온 라면 하나를 끓여 먹었다. 한국에선 자주 먹지도 않는 라면인데 여기서 먹으니 감탄이 절로 나는 맛이었다. 3시 무렵 라면을 먹고 저녁은 또 따로 먹기로 했다. 내 위장은 아직 차지 않았다.

은영 언니, 제주도 아저씨, 나, 엄마. 넷이 단출하게 모였다. 장을 보고 오니 크리스틴이 1층에서 헤이, 윤! 을 외쳤다. 그러면 크리스틴도 초대해야지. 마침 고기도 넉넉하게 샀다.

"크리스틴, 우리 한국 요리할 건데 혹시 저녁 안 먹었으면 같이 먹을래
요?"
"좋아요!"

2층으로 올라가니 되게 익숙한 바가지 머리가 보였다. 누가 봐도 한국
남학생 머리 스타일이었다. 남매가 같이 왔단다. 한국인에게 안 먹일 순 없
다! 맛은 자신을 못 하지만 같이 드실래요? 그렇게 점점 늘어 7명이 함께
저녁을 먹게 됐다.

냄비밥도 하고, 고추장에 고기도 볶고 소고기도 구웠다. 오랜만에 먹는
밥, 빨간 색깔의 고기. 맛있게 먹으며 이야기를 나눴다.

남매는 팜플로나에서 하루 더 쉬어간다고 했다. 은영 언니는 나흘을 쉴
예정이라 호텔을 예약해뒀단다. 엄마와 나는 쉬지 않고 바로 전진! 제주도
아저씨도 전진! 크리스틴은? 크리스틴도 전진!

크리스틴이 말했다.

"근데. 윤은 정말 영어를 잘하네요."
"아, 정말요?"
"정말로! 어디서 배운 거예요?"
"저요? 전… 넷플릭스 미국드라마들을 많이 본 게 도움이 된 것 같아요.
근데 다 범죄 장르여서 못된 말들만 많이 배웠어요. 영어로 욕할 줄 알아
요."

맞다. 나는 미국드라마를 정말 좋아한다. 마냥 자랑스러운 일은 아니지만 자퇴한 이후 유일하게 꾸준히 한 일이 미국드라마를 본 거였다. 그래도 무념무상 열심히 죽어라 반복해 봤더니 영어가 일취월장했다. 영어에 흥미가 생겨 어쩌다 한번 해본 펜팔로 폴란드 사는 친구까지 생겼다. 유럽에 와서도 영어로 의사소통이 가능했다. 엄마도 그런 나를 보며 조금 신기해했다. 나조차도 신기했다.

이런저런 소소한 이야기를 하다가 남매가 자리를 먼저 비우고, 아저씨도 슬슬 일어났다. 여자 넷만 테이블에 남았다. 미드 보며 쌓은 영어 실력으로 내가 통역사가 되었다.

우리 엄마의 말을 크리스틴한테 전달하고, 크리스틴의 말을 엄마한테 전달했다. 이런 만찬을 순례길 오기 전부터 꿈꿨는데 이게 이루어지다니! 하며 시작한 엄마의 이야기. 엄마는 쓰고 싶다는 책 이야기를 했다.

"여성과 여성의 이야기를 담아내고 싶어요. 이 길 위에 선 여성들의 힘에 대해서!"

크리스틴이 그럼 이 이야기가 도움이 될까, 하며 운을 떼웠다.

"내가 왜 까미노에 왔느냐면요. 사랑하는 사람을 떠나보내고, 아버지도 가시고, 이별의 고통을 느껴서였어요. 윤, 내가 말해줬었죠? 내가 그냥 망망대해에 떠 있는 돌 같은 느낌이 드는 거예요. 숨만 쉬고 사는데, 어느 순간부터 몸에도 고통이 느껴지기 시작했어요. 내가 암에 걸렸나? 큰 병인가 싶어서 병원에 가보니 큰일은 아니래요. 다 마음에서 오는 고통이라는 거예요. 길을 걸으면서 그걸 치유하고 있어요. 너무나 간단하죠. 걷고 먹고 즐기고 자고… 이 상처를 내가 끌어안는 거예요. 끌어안으며 치유하기. 정말 신기하게 이 길을 걸으면서 내가 사랑하는 사람의 영혼을 보고 있는 것 같아요. 느끼는 거죠. 내가 이걸 할까 저걸 할까 고민할 때 그 사람이 나타나서 정해주고요… 정말 신기하죠."

엄마도 고개를 끄덕거렸다.

"나도 돌아가신 우리 아버지의 영혼을 느꼈어요. 좋은 남편은 아니었을지언정 나한테는 정말 좋은 아버지셨거든요. 이 세상에서 유일하게 나를 믿어주고 응원해주시던 분이었어요. 아버지의 영혼이 날 끌어안고 있는 것 같아요."

그리고 엄마는 나도 생전 처음 듣는 이야기를 꺼냈다.

"내가 여기 왜 왔냐면, 내가 나중에 죽고 이 세상에 없을 때 내 딸이 내 뒷모습을 기억해줬으면 해서예요. 우리 딸이 삶을 살아가면서 어렵고 힘든 순간을 만날 때 이 길을 걷던 내 모습을 기억하면서, 삶의 원동력을 다시 찾았으면 좋겠어요. 그 기억으로 다시 씩씩하게 살아갔으면. 이런 메시지를 담은 책을 꼭 쓰고 싶어요."

영어로 말을 옮기면서 마음이 찡했다. 옆을 보니 은영 언니 눈에 눈물이 가득 고였다. 크리스틴도 울었다. 엄마도 울었다. 다들 울었다. 엄마 말 좀 훔쳐다 쓰자면, 마음과 마음이 연결됐던 자리. 우리만의 즐거웠던 작은 만찬이었다.

수비리에서 나가는 길, 엄마의 모습

팜플로나까지 고작 8킬로미터

초원의 말

계곡

06　푸
　　엔
　　테
　　라
　　레
　　이
　　나

Puente la Reina

어제 팜플로나에 들어왔을 때는 정말 힘들었는데, 하룻밤 자는 사이 조
금이나마 회복된 컨디션 덕분에 도시를 잘 빠져나왔다.

은영 언니가 팜플로나에서 나흘을 쉬어가는 이유는 날씨 때문이라고 했
다. 며칠 흐리고 비가 내릴 예정이라고. 하필 악명 높은 용서의 언덕(Alto
del Perdon)을 오르는 날이었다. 날씨마저 흐려서 걱정이 한가득이었지만
그렇다고 며칠 쉬어갈 여유는 없으니 힘내서 걷기 시작했다.

일기예보대로 비가 내렸다. 우비를 입었다. 며칠 걸은 여파로 엄마의 무
릎엔 심한 통증이 생겼다. 약국에서 보호대를 샀다. 15유로인 줄 알고 돈
을 당당히 꺼냈는데 50유로래서 손을 벌벌 떨면서 냈다. 엊그제 잤던 독
방이 36유로였는데! 엄마의 무릎이 더 중요하니 이 정도 돈은 써도 된다.

"보호대 차니까 좀 나아?"
"어, 좀 낫다!"

엄마의 컨디션은 나아졌는데 내 컨디션은 안 좋았다. 엄마는 내 속도대로 천천히 오라는 말을 남기고 먼저 갔다. 고개를 푹 숙인 해바라기밭을 지나며 노래를 들었다. 신나는 노래를 몇 곡 들으니 이상하게 삼겹살이 땡겼다. 어제 남은 고추장을 싸서 동키에 같이 보낸 것이 떠올랐다.

그 고추장으로 고기를 볶아서 밥이랑 먹을까? 저녁 메뉴를 상상하자 기분이 순식간에 좋아졌다. 그만큼 속도도 빨라져서 엄마를 만났다. 엄마, 나 고기 볶아먹으려고. 엄마가 어이없다고 웃었다. 너는 참 독특해… 그래도 기분 좋아졌다니 다행이다!

마음이 긍정적으로 변했다. 갑자기 세상의 모든 게 아름다워지기 시작했다. 흐린 날씨는 허허벌판을 걷는 우리가 타들어 가지 않도록 보호해줬다.

갈색 빛으로 물든 들판이 예뻤다. 엄마는 해바라기 한 송이를 머리에 꽂고 올라왔다. 바닥에 놓인 '행복'이라는 글자가 쓰인 돌이 눈에 들어왔다. 파란색 글씨로 쓰인 행복, 그 사람이 느꼈을 행복을 나도 그대로 느낄 수 있을 것만 같았다. 그 뒤론 정말 규칙적으로 정갈하게 쌓인 돌탑들이 나타났다. 하나같이 동글동글 모난 구석이 없는 돌들, 그런 작은 것들을 눈에 담으면서 걸으니 아, 용서의 언덕이었다.

오전, 한참 기분이 좋지 않을 때 엄마가 용서의 언덕에 올라가면 무엇을 용서하겠느냐고 물었다.

"순례길에 오겠다고 한 나 자신을 용서할게."

그렇게 힘들다는 티를 팍팍 내면서 올라온 언덕인데 막상 그닥 힘들지는 않았다. 뭐든 겪어봐야 아는 법. 시작점에서는 날씨며 악명 높은 오르막이라는 이야기에 걱정하며 왔는데 겪어보니 달랐다. 지금까지 여정 중 가장 쉽고 긍정적으로 걸었다. 불어오는 바람에 몸을 식혔다. 달아오른 발의 열기도 식히고, 서울까지 9700킬로미터 떨어졌다는 표지판에 놀라기도 했다. 한숨 돌리다 또 길을 나섰다. 오르막을 올랐으니 내리막, 돌이 가득한 내리막길을 걸었다.

비가 또 쏟아졌다. 우비를 꺼내 입고 쉬엄쉬엄 걷다 보니 마을이 슬슬 보이기 시작했다. 휴대폰은 또다시 방전되었다. 거리가 얼마나 남았는지도 모르고 그냥 걸었다. 저기가 혹시 목적지일까, 마을이 계속 이어져서 헷갈렸다.

엄마도 헤맬까 봐 뒤따라오는 엄마를 기다리는데 길에서 몇 번 마주쳤던 군청 아저씨가 지나갔다. 정년퇴직을 4년 남기고 순례길에 올랐다는 아저씨다. 현란한 스타일이 인상적이었다. 머리에 멋지게 둘러맨 손수건, 화려한 무늬의 냉장고 바지… 만난 김에 남은 거리를 물었다. 믿기 힘든 답이 돌아왔다.

"7킬로미터 남았어!"

아저씨는 힘내서 오라는 말을 남기고 느긋한 발걸음으로 빠르게 사라져버렸다. 앞으로 두 시간을 꼬박 더 걸어야 도착한다니! 거의 다 온 줄로만 알았는데!

엄마를 기다렸다가 다음 마을로 향했다. 노란 화살표가 갈대숲 샛길을 가리켰다. 갈대숲을 헤치며 통과한 마을이 우리의 목적지인가 싶어서 달려갔더니 아니었다. 엄마, 정말 다음 마을이 우리 마을일 거야… 하면서 도착한 마을도 우리 마을이 아니었다.

이제 정말 기어가는 수준이 됐다. 흐느적거리면서 좁은 길을 통과하고 통과하다 어느 순간 고개를 드니 헉, 알베르게가 보였다. 하쿠에다, 하쿠에알베르게야!!

돈을 내고 도장도 찍고 알베르게에 들어왔다. 호텔과 같이 운영하는 알베르게였다. 알베르게 이용객은 아래로 가면 된다고 설명을 해주더니 어리둥절하며 지쳐있는 우리의 모습에 직원이 안내해주겠다고 직접 나섰다. 우리는 직원만 졸졸 따라갔다.

"여기는 공용 공간인 서재예요."

엄마가 반가워했다. 에어컨 바람이 시원했다. 나도 반가워졌다. 주황색 안락한 소파들과 시원한 내부, 아기자기한 분위기가 맘에 들었다.

동키로 보낸 짐을 찾고 엄마가 먼저 씻고 나왔다. 나도 뒤이어 씻고 나왔다. 등산화를 벗고 슬리퍼로 갈아 신고 나면 이상하게 몸이 약해지는 기분이 들었다. 한 아저씨는 이걸 마약병이라고 했다. 마을에 들어오면 약해지는 병. 어기적어기적 걷고 있자니 아까 만난 군청 아저씨가 이제 익숙해질 때가 됐는데 아직도 이러냐며 걱정 섞인 말을 건넸다.

"네, 언제쯤 괜찮아질지 모르겠어요."

부엌에선 한국인 순례자들이 밥을 하고 있었다. 탄내가 났다. 밥을 태웠단다. 부엌 시설은 정말 좋은데 저기서 밥을 할 기운은 도저히 안 났다. 고기를 볶아먹겠다는 계획을 수정했다. 알베르게가 제공하는 뷔페에서 밥을 먹기로. 호텔이 운영하는 뷔페라 음식의 질이 좋다는 평이었다. 뷔페에 들어서자마자 눈에 들어오는 샐러드바의 메뉴에 군침이 돌았다. 한쪽엔 엄마가 좋아하는 녹색 채소들이 가득했다. 엄마는 샐러드를 정말 좋아한다. 메뉴판에 파스타랑 샐러드가 있으면 샐러드를 고른다. 난 무조건 파스탄데.

엄마는 엄마 취향대로 샐러드를 담고 난 내 취향대로 빠에야를 담았다. 빠에야가 이렇게 맛있는 줄 처음 알았다. 메인으로 준비된 닭다리랑 생선도 받아 왔다. 정말 배가 터지게 먹었다. 디저트까지 먹은 뒤 식당 밖 폭신한 소파에 몸을 묻었다. 좋다… 일어서고 싶지 않았다.

그 여유를 즐겼다. 하루 열심히 걷고 와서 씻고 맛있는 밥을 먹고 난 뒤의 온전한 휴식 시간. 엄마는 부지런하게 글을 쓰고 책을 읽었다. 나는 한껏 게으름을 부렸다. 그냥 풍경을 보며 넋 놓는 일이 좋았다. 멍을 때리는게 지루해지면 다음 날 갈 곳을 조사했다. 즉흥적인 여행도 해보고 싶지만 토끼 같은 엄마와 함께 가야 하는 길이니 좀 더 철저해야 한다는 강박이 있었다. 사실 성격이 원래 이렇다. 어딜 가든지 사전 조사를 꼭 해야 직성이 풀렸다. 나는 10년 산 동네의 빵집에 갈 때도 조사를 하고 가는 사람이다. 오픈 시간이 언젠지, 무슨 빵이 있는지, 뭐가 맛있는지….

순례길에서도 마찬가지다. 내일 목적지까지는 몇 킬로미터인지, 알베르게는 어디가 좋은지, 구글 맵 리뷰도 다 찾아봤다. 그렇게 정한 내일의 코스는 로르까(Lorca). 나흘을 열심히 달려왔더니 몸이 피곤의 끝을 달렸다. 잠시 휴식을 취할 때가 왔다. 원래 계획대로라면 22킬로미터를 걸어 에스테야(Estella)에서 머물렀을 텐데, 14킬로미터 지점에 있는 로르까(Lorca)

까지만 갈 예정이다. 로르까를 빠르게 검색했다. 한국인이 운영하는 알베르게가 있단다. 호세네 알베르게. 이 알베르게에서 나오는 빠에야가 그렇게 맛있다고. 좋아, 내일은 로르까, 빠에야가 맛있다는 호세네로!

　지금까지는 순례자들이 주로 따르는 일반적인 일정에 맞춰서 왔다. 하루에 적당히 25킬로 정도 걸어 론세스바예스, 수비리, 팜플로나, 푸엔테 라 레이나로 이어지는 정석 코스. 인파가 많았다. 숙소를 못 잡으면 어떡하나, 하는 걱정도 매일 했다. 내일은 그 코스에서 벗어나 작은 마을에서 묵을 거다. 숙소 예약을 안 해도 침대가 널널하게 남아 돌겠지? 마음이 좀 편했다.
　알베르게 내부가 좀 답답해서 서재로 나왔다. 정말 쾌적 그 자체였다. 들어가서 자야지, 들어가서 자야지, 하다가 푹신한 소파에 빨려 들어가듯 잠이 들어버렸다.

가을이 느껴지는 벌판

용서의 언덕

07

로
르
까

Lorca

"윤아, 일어나! 7시 넘었어!"

정말 푹 잤다. 쾌적한 공간에서 시간 가는 줄도 모르고 자버렸다. 순례길의 첫 번째 늦잠이었다. 침낭을 똘똘 말아놓고 느릿느릿 준비했다. 엄마는 짐을 정리하면서 분주하게 뭔가를 덜어냈다. 오늘은 처음으로 우리가 배낭을 메고 가는 날이었다. 지금까지는 짐을 옮겨주는 동키 서비스만 믿고 다녔는데, 이제 이 짐들을 우리 어깨에 지고 다녀야 했다. 필요 없는 건 모두 버릴 시간이었다.

순례길의 짐은 가벼워야 한다. 여러 책과 까미노 카페의 글을 찾아보고 정말 고심해서 짐을 쌌다. 등산 가방은 30리터짜리로. 여름이니까 침낭은 보온성보다는 가벼운 것으로 구매했다. 옷은 가볍고 물기가 잘 마르는 원단. 나는 등산복 상하의를 두 벌씩 챙겨왔다. 엄마는 아디다스 레깅스를 가져왔다. 속옷도 금방 잘 마르는 원단으로 챙겼다. 숙소에서 신을 편한 슬리퍼 하나. 세면도구는 임시로 쓸 여행용 키트 하나면 충분했다. 순례길에서도 다 구매할 수 있다. 우리는 샴푸 한 통, 클렌징폼 하나를 사서 그걸로 머리부터 발끝까지 모두를 해결했다.

험난한 길을 걷는 것을 도와줄 등산스틱은 한국보다 이곳이 더 저렴하다. 우리는 바욘의 '데카트론'이라는, 스포츠용품 업계의 다이소 같은 브랜드에서 등산스틱을 구매했다. 한 쌍에 20유로로 한국보다 배로 저렴한 가격에 살 수 있었다.

양말은 한 번에 두 벌을 신는다. 발가락 양말을 안에 신고 그 위에 두꺼운 등산용 양말을 신는다. 두껍게 신어야 발이 덜 아프다. 가져오면 요긴하게 쓰인다는 김장 봉투, 빨래망, 빨래집게, 진통제와 밴드, 소독약 정도의 의약품도 준비했다. 그밖에 우비, 챙이 넓은 등산용 모자, 여권, 여권 사본과 카드, 현금, 각종 티켓, 손톱깎이(유용하다), 로션(거의 쓰지 않았다), 베드버그 예방 스프레이(거의 쓰지 않았다) 정도… 정말 열심히 챙겨왔다. 대체 이런 걸 왜 챙기냐는 엄마의 잔소리 속에서도 꿋꿋하게 짐을 싸 왔다.

그렇게 나름 중요하다고 생각되는 것만 추려 싸 들고 왔는데도 버릴 것이 있었다. 엄마는 과감하게 짐을 줄여나갔다. 순례길 시작하기 전까지 다 읽고 알베르게 한켠에 남겨놓으려고 가져왔다는 책 4권, 이태리타올(왜 버린 건지 아직도 이해되지 않는다. 개인적으로는 꼭 챙기길 추천한다), 화장품, 언니에게서 빌려온 에코백, 아빠의 추억이 가득한 손전등(정말 추억이 가득한 손전등이라 그것마저 버렸다는 생각에 너무너무 울적해졌다) 그리고 어제 사 온 묵직한 고추장 한 통. 고추장은 뒤에 오는 순례자들이 쓸 수 있도록 알베르게에 남겨놓고 왔다.

그렇게 7시 반 넘어 느지막이 출발했다. 도로가 약간 비에 젖어있었다. 날씨가 흐렸다. 걷기 좋은 날씨였다. 오늘은 딱 14킬로미터. 부지런히 걸으면 3시간이면 될 거다. 마음의 부담이 덜했다.

한 5분 걸었나, 배가 꼬르륵 고파왔다. 마침 사람들이 북적북적한 카페가 보이기에 우리도 자리를 잡았다. 약간 끈적거리는 느낌의 카페였다. 줄지어서 주문하고 음료를 받아먹는 소란스러운 틈에 끼어서 겨우 주문했다. 엄마가 고른 오믈렛과 내가 고른 초코빵, 그리고 커피. 일근한 뼈해장국이 간절했다. 식당을 나서니 축제라도 하는 듯 같은 옷을 맞춰 입은 사람들이 시끌시끌 이야기하며 걸어오고 빨간 깃발들이 골목 사이사이를 휘날리고 있었다.

그 뒤로 여왕의 다리가 보였다. 어제 검색을 통해 유명한 건축물이란 것만 알았다. 이번 순례길을 걸으면서 역사적인 건축물이나 조각상, 유래가 깊은 길들을 수없이 지나왔는데 사전 지식이 없다 보니 감흥이 덜했다. 그게 제일 아쉬웠다. 아는 만큼 보인다고. 나는 너무 조그만 세상을 보고 온 것 아닌가, 하는 마음이 매번 들었다.

그래도 나의 여행은 충분히 즐거웠다. 반대로 뒤집어 아쉬워하지 않을 이유를 생각해봤다. 내가 지나친 것들은 나한테 그 정도의 감흥만 있었던 거고, 내가 인상 깊게 기억하는 것은 그것의 유명세에 상관없이 나한테 그만큼의 가치가 있었던 것. 그러니 아쉬워하지 않아도 된다.

돌다리를 건너고 몸이 슬슬 뻐근하고 쳐졌다. 아직도 몸이 제대로 적응을 못 한 것 같다. 몸도 피곤의 끝을 달리는데다가, 팔을 잘못 놀렸더니 어깨죽지 부근이 엄청나게 결렸다. 그러다 엄마한테 성질을 내버렸다.

"걷기 싫어 죽겠다는 표정으로 걷지는 마. 웃으면서 걷자."

"걷기 싫어 죽겠는 거 맞거든!"

엄마의 말에 아주 퉁명스럽게 쏘아붙이고 주저앉아버렸다. 엄마는 먼저 가고 나는 앉아서 시간을 좀 가졌다.

성질을 내고 나면 성찰의 시간을 가진다… 마음속에서 불편함이 확 올라왔다. 내가 틀린 상황이 아니라면 한바탕한 이후로도 마음속에 하고 싶은 말, 따지고 싶은 말이 계속 쌓이기 마련인데 이번은 확실히 아니었다. 마음이 불편하기만 했다.

엄마를 얼른 따라가서 사과해야 할 것 같은데 고장 난 몸이 나를 잡았다. 가방을 일단 던져두고 어깨를 살살 돌려보다가 새천년 국민건강체조를 찾아 켰다. 앉아서 하는 체조 영상. 학교에 다닐 때 2교시 쉬는 시간이면 꼭 틀어줬던 영상이다. 국악 풍의 신나는 장단에 맞춰 어깨를 돌리고 어깨춤을 추다 보니 결린 게 좀 나아졌다. 스페인의 길 한복판에서 이걸 따라 하는 내가 웃겨서 기분도 좀 풀렸다. 꽤 시간이 지나 있었다. 어깨도 기분도 나아졌으니 한참 멀리 갔을 엄마에게 서둘러 가자!

가다 보니 또 오르막길이 나왔다. 거의 직각 경사의 오르막길이었다. 한 발 한 발 옮기다 보니 허벅지랑 종아리가 너무 땅겼다. 우리 동네 뒷산인 금당산이 떠올랐다. 금당산 정기를 받아 세운 우리 학교. 내가 나온 학교들의 교가에는 꼭 금당산이 들어갔다.

엄마 아빠는 금당산에 자주 갔다. 갈 때면 돌고 돌아 오래 걷고 오는데, 나는 아주 가끔, 아주 짧게 걸었다. 왕복 40분, 헬기장까지만 다녀오는 코스다. 짧은 것에 비해 코스가 꽤 험했다. 마지막 계단을 오를 때쯤이면 진이 빠졌다.

그때 근육과 싸워가며 오르던 게 떠올랐다. 아빠는 나랑 같이 산을 오를 때면 이런저런 이야기를 들려주곤 했다. 어느 날, 할머니께서 해주신 이야 기라며 몸에서 가장 게으른 부분은 눈이라고 했다.

"이런 오르막길을 오를 때, 눈은 앞에 남은 길만 보고 저걸 언제 다 가나, 언제 가나 한탄만 하는 부위야. 그럴 시간에 부지런하게 걸으면 돼."

그래, 가다 보면 어느새 다 올라있을 거다. 한걸음 한걸음에 기합을 넣으 며 걷다 보니 조금 수월했다. 내가 아빠 이야기를 잘못 기억하고 있나 하는 생각도 치고 올라왔다. 결국에 부지런하게 살피는 건 눈이고, 생각하는 건 뇌고, 말하는 건 입인데. 제일 게으른 건 조잘거리기만 하는 입 아닐까? 하지만 조잘거리는 게 입의 일이니 결국엔 입도 자기 일 다 하는 거네. 부지 런한 거잖아! 각자의 일들을 열심히 했는데도 걷는 데에 실질적인 도움이 안 되면 인정을 안 해주는 걸까? 그건 너무한데.

꼬리를 무는 생각들을 이어가다 문득 뒤를 보았다. 내가 걸어온 길이 많 이도 쌓여 있었다. 오르다 오르다 보니 엄마도 보였다. 성질을 부려서 미안 하다는 말부터 했다. 엄마도 쿨하게 받아줬다. 괜찮아, 하며 방금 겪은 이 야기를 들려줬다.

돌부리에 걸려서 엄마가 비명을 지르면서 넘어지는 찰나, 어떤 남자가 보였다는 거다. 그렇게 큰 소리가 났으니 놀라서라도 돌아볼 법한데 그 냥 후다닥 가는 남자가 의아했다고. 생각해보니까 아마도 숲 뒤에서 볼일 을 보던 중이었던 거 같다고. 그 남자는 얼마나 놀랐을까 한참 웃었다. 일을 보고 있는데 어떤 여자가 갑자기 소리를 지른 상황 아닌가. 그 이름 모르는 남자에게 내가 다 미안해졌다. 언제 싸웠는지도 모르게 이야기하면서 걸었다. 하늘엔 먹구름도 끼었다. 비가 내릴 듯이 아슬아슬한 날씨였다.

마을 초입에서 요즘 사람들이 안 보인다는 이야기를 했다. 팜플로나 이후로 못 만난 제주도 아저씨, 수비리 이후로 보지 못한 대전 언니, 눈썹 언니… 다 어디 갔지? 호랑이도 제 말 하면 온다고, 이야기하며 무심코 뒤를 돌아보니 저 멀리에서 눈썹 언니가 걸어오고 있었다. 거의 초면이나 다름없는 사이인데 같은 길을 걷고 있다는 이유만으로 반가웠다. 눈썹 언니는 팜플로나 직전 마을에서 쉬었단다. 그 이후로 일반적인 일정보다 한두 마을씩 적게 걸어왔다고. 오늘도 우리랑 같은 목적지인 로르까지 갈 예정이라고 했다. 그러고 보니 그때까지도 통성명하지 않았다. 뒤늦은 자기소개를 나눴다. 언니의 본명을 알고서도 어쩐지 내 입에 착착 붙는 건 눈썹 언니였다.

눈썹 언니와 이야기를 나누며 걷다 보니 어느새 마을이 보였다. 마을 입구의 벤치에 앉아 엄마를 기다렸다. 엄마는 아픈 무릎 탓에 조금 천천히 걷고 있었다.

순례길은 하나의 방향을 가리키는 거대한 화살표와 같다. 아무리 내가 앞서 걸어도 엄마가 잘 찾아올 걸 알기에 걱정이 전혀 되지 않았다. 그러나 마을에 들어서는 순간부턴 달랐다. 거대한 화살표 안에 조그만 화살표들이 생겨나 이 골목 저 골목 다른 방향을 가리켰다. 그 속에서 엄마가 헤맬까, 나도 헤맬까 늘 걱정이 됐다. 마을 초입에서는 서로를 기다리자는 약속이 생겼다.

오늘은 처음으로 점심을 먹는 날이었다. 어제까지는 점심때쯤에는 목적지에 도착하겠지, 하는 생각으로 점심을 계속 거르며 걸었다. 결국엔 저녁 때쯤 도착해서 저녁을 좀 풍성하게 먹고는 했는데, 오늘은 그런 기대를 접고 점심을 챙겨 먹기로 했다. 배가 고팠다.

따끈따끈한 음식을 먹고 싶었는데 식당이 안 보였다. 그냥 보이는 슈퍼마켓에 들어가 감자칩 하나를 골랐다. 금색 글씨가 박힌 검은 포장지의 감자칩과 카운터 옆에 있는 샌드위치를 같이 계산했다. 엄마는 맥주와 올리브. 샌드위치는 오븐에 돌려서 가져다준단다. 야외 테이블에 자리를 잡았다. 감자칩을 까먹고 있자니 자판기가 보였다. 엄마와 눈썹 언니는 커피를, 나는 코코아를 뽑아왔다. 이곳 감자칩은 양이 엄청나고, 맛있기도 정말 맛있다! 이 맛있는 걸 반이나 남겼다. 양이 그만큼이나 어마무시했다. 오븐에서 갓 나온 샌드위치를 한 입 베어 물었다. 차가운 바게트에 오믈렛만 끼워 먹다가 따끈따끈한 샌드위치를 먹는 건 정말 오랜만이었다. 녹아내리는 치즈에 고깃덩어리까지 들어있었다. 바삭하고 따끈한 샌드위치. 기운이 돋았다.

쉬엄쉬엄 지금까지 걸어온 거리가 약 8킬로미터를 넘었다. 벌써 다음 마을이 우리 목적지인 로르까였다. 앞으로 약 5킬로미터. 금방 가겠네! 싶었는데, 최근 깨달은 게 있다. 10킬로미터를 걷든 30킬로미터를 걷든 마지막 5킬로미터가 제일 힘들다는 점이다. 정말로 그렇다! 내가 몇 킬로미터를 걸어왔든 마지막 5킬로미터를 걷는 그 한 시간이 가장 버거웠다.

걷고 또 걸었다. 다른 묘사를 할 수가 없을 만큼 정말 걷기만 했더니 드디어 마을이 나타났다. 직선으로 뻗은 작은 마을이었다. 마을의 끝, 오른쪽에 문이 활짝 열려 있는 알베르게가 보였다. 호세네였다.

자상해 보이는 사장님이 반겨주었다. 너무 피곤해 보인다며 씻은 후에 체크인하라고 바로 방으로 안내해줬다. 침대 침대마다 꽉 들어찬 사람들을 보다 텅텅 빈방을 보니 새로웠다. 4인실을 우리 셋만 쓰게 됐다. 창문도 크고 내부도 깨끗했다. 바로 옆에 딸린 욕실도 우리 말고는 쓰는 사람이 없었다. 우중충함의 끝을 달리다가 드디어 비가 후드득 떨어지고 바람은 휘몰아쳤다. 욕실에 난 큰 창을 통해 보니 그마저도 예뻐 보였다.

개별 화장실을 사용하니 편안한 마음이 가득했다. 나는 원래 바깥 화장실을 사용하는 걸 좋아하지 않는데, 순례길에 와서 그걸 고쳤다. 사생활이 어딨어! 다 공용화장실이었다. 깨끗하게 샤워도 했다. 딱 5초간 찍 나오고 멈춰버리는 버튼식 샤워기가 아니었다. 물을 틀어놓으면 물이 계속 나왔다. 사소한 것에 감동하는 사람이 됐다. 오랜만에 여유로운 샤워를 즐기고 쌓인 빨래를 맡겨뒀다. 사장님이 세탁하고 건조까지 해서 갖다준단다. 샤워하고 나온 사이 엄마와 눈썹 언니가 저녁 메뉴를 신청해뒀다. 사람들이 다 같이 모여서 식사를 하는 모양이었다. 이날은 안타깝게도 이 알베르게에서 유명하다는 특제 빠에야는 안 된다고. 대신 멜론에 하몽을 얹은 애피타이저와 구운 돼지고기를 메인으로 먹기로 했다.

할 일은 다 했다! 펄썩 누웠다.

엄마는 글을 쓰고 나는 남은 감자칩을 까먹고 언니는 다이어리를 썼다. 나도 뭘 좀 써볼까, 하는 마음이 들어서 메모장을 켰다. 한두 문장을 끄적인 후에 냅다 접었다. 거리가 짧아서 12시 전에 도착하겠지, 싶었는데 3시가 조금 지나 있었다. 그래도 저녁 느지막이 도착하던 평소에 비하면 이른 시간이었다. 오랜만에 할 일 없는 즐거움을 누렸다. 시간도 더디게 가는 것만 같았다.

하몽을 올린 멜론이 애피타이저로 나왔다. 달고 시원한 멜론과 하몽이 잘 어우러졌다. 하몽 특유의 맛이 입에 아주 잘 맞지는 않아서 엄마에게 양보했다. 옆 테이블을 보니 미트볼 잔뜩 올라간 스파게티가 건너편의 순례자 앞에 놓여있었다. 스파게티의 양이 너무 많다며 나에게 덜어준 순례자와 인사를 나눴다. 로스앤젤레스에서 왔다고 했다. 엘에이 오빠라고 부르기로 했다.

수비리에서 먹었던 이베리코 뺨살 요리가 나왔다. 유명한 요리인가 보다. 소스가 잔뜩 끼얹어진 고기와 잘 튀겨진 감자칩. 맛있게 해치웠다. 그런데 정말 다들 양이 심상치 않다. 스파게티도 3인분씩은 되는 것 같더니 엄마의 샐러드도 아주 산만큼 쌓여 있었다. 배부르게 내일의 계획을 나눴다. 엘에이 오빠와 눈썹 언니는 이곳에서 18킬로미터 정도 떨어진 비야마요르 데 몬하르딘(Villamayor de Monjardin)까지 갈 예정이란다. 원래 우리의 계획은 에스떼야(Estella)까지만 걷고 하루 푹 쉬는 거였는데, 눈썹 언니도 엘에이 오빠도 거기까지 간다고 하니 엄마가 슬쩍 내 팔을 흔든다. 우리도 거기까지 가자!

내 마음도 흔들거렸다… 어쩌다 보니 결론이 그렇게 났다. 우리도 거기까지 가기로!

엄마가 또 얼음을 와그작와그작 씹어 먹고 싶다며 나를 툭툭 쳤다. 엄마는 얼음 중독증에 걸렸다. 기를 쓰고 아득바득 얼음을 씹는다. 엄마 이에 좋지 않다고 걱정해도 맛있다며 열심히 얼음을 씹는다. 돈도 계산하고 도장도 찍고, 얼음도 부탁했다. 사장님이 오, 얼음! 하면서 꺼내준 건 주먹만한 커다란 얼음 하나다. 이걸 어떻게 와그작와그작 씹어먹어… 얼음을 본 엄마가 웃음을 터트렸다.

저녁을 먹었더니 체력이 훅 떨어졌다. 건조기에서 갓 나와 따끈한 빨래를 품에 안고 잠자리에 들었다.

추가로, 엄마의 얼음 중독증은 자궁 근종으로 인한 빈혈이 불러일으킨 증상이었다. 복강경 수술로 자궁 근종을 제거하고, 식이요법과 철분제로 빈혈을 치료한 뒤, 엄마는 더는 얼음을 찾지 않는다.

여왕의 다리를 걷는 중

골목을 올라가는 엄마와 나

08

비
야
마
요
르
데
몬
하
르
딘

Villamayor de Monjardin

컨디션이 좋은 날이었다.

어제 예정보다 짧게 걸은 것이 효과가 있었는지 주변의 풍경이 눈에 들어왔다. 휴대폰을 꺼내서 사진을 찍었다. 여행이 끝난 뒤 사진첩을 보았더니 힘들었던 날과 안 힘들었던 날이 분명하게 갈려서 웃음이 났다. 주변을 볼 힘도, 휴대폰을 꺼낼 힘도 없던 날에는 사진이 없었다. 오늘 같은 날에는 사진 기록도 많았다. 햇빛이 강하지 않고 먹구름이 끼어 있어 걷기도 편했다. 조선 시대에 자연 경관을 칭송하는 그 많은 시조가 어떻게 탄생했는지 이해가 될 정도였다.

바닥에 달팽이 무리가 엉금엉금 움직이고 있었다. 달팽이도 찰칵! 드넓은 들판 사이에 서서 엄마와 나도 찰칵! 하늘을 뒤덮은 먹구름도, 들판도 나오게 찍다 보니 사람은 면봉 크기로 나왔다. 그래도 만족스러웠다. 나는 사진에 찍히는 것을 좋아하지 않는 편인데, 내가 없는 사진은 나중에 보는 재미가 없지 않겠냐는 눈썹 언니의 말에 넘어갔다. 맞는 말이다! 눈썹 언니는 저녁마다 우연히 찍은 우리의 뒷모습이나 방심한 모습이 담긴 사진을 보내주고는 했다. 사진 속의 나는 낯설면서도 낯익었다. 그래, 역시 사진엔 내가 있어야 좋았다.

마을이 나왔다. 아침을 먹지 않고 걸었더니 다들 기운이 없다며 배를 부여잡았다. 사실 나만 부여잡았다. 스페인에서는 일요일이면 다들 가게 문을 닫았다. 한국의 (존재하지 않는) 휴일에 익숙한 나로서는 정말 놀라운 풍경이었는데, 오늘이 하필 일요일이었다. 구글 지도를 보아도 문을 연 식당이 단 한 군데도 없었다. 고픈 배를 안고 걸어야 한단 생각에 지칠 즈음 고소하고 향기로운 빵 냄새를 맡았다.

이곳에 빵집이 있다. 분명히 있다! 예민해진 감각이 본능적으로 알아차렸다. 냄새를 따라 걸었더니 정말 빵집이 나타났다. 모양이 익숙한 빵과 땅콩 쿠키를 골라 담았다. 어제 맛본 감자칩도 하나 샀다.

"올라, 카페 콘 레체, 우나, 뽈 빠보르. 카페라테 한 잔 부탁해요!"

엄마를 위한 커피도 한 잔 주문했다. 엄마는 진한 아메리카노만 마시는 사람인데, 아메리카노가 익숙하지 않은 스페인에서 내가 주문할 수 있는 건 카페라테밖에 없었다.

"난 우유가 싫은데."
"그냥 먹어 엄마."
"응."

거한 아침을 먹고 물도 보충하고 가게를 나섰다. 날아갈 것 같은 기분이었다. 몸도 가볍기 그지없었다. 벌써 에스테야다. 마을 초입의 수돗가에서 눈썹 언니와 함께 엄마를 기다렸다가 마을에 들어갔다. 그 사이에 하늘이 맑게 겠다.

어제 예정대로 에스테야까지 걸었더라면 힘에 부쳐 제대로 보지도 못했을 교회가 보였다. 12세기 후반부터 짓기 시작했다는 유서 깊은 교회였다. 어제 만났던 엘에이 오빠를 마주쳤다. 저녁에 모여 얼큰한 국물을 먹자는 데에서 마음이 통했다. 수제비를 끓여 먹으려고 일부러 부엌 시설이 좋다는 숙소를 찾았다. 15유로. 완벽한 풀 키친이라는 리뷰를 믿고 예약했다. 예산보다 돈을 더 쓴 만큼 수제비는 꼭 먹어야겠다. 안 그러면 큰일 나겠어.

오늘의 목적지는 정말 작은 마을이었다. 슈퍼마켓이 있을지도 의문이었다. 가는 길에 큰 마켓에서 재료를 미리 사 가기로 했다. 엘에이 오빠는 먼저 가고 엄마, 나, 눈썹 언니 우리 셋은 여유롭게 걸었다. 셋 다 빨리 가자! 뛰자! 하는 스타일이 아니었다. 마음도, 속도도 얼추 맞다 보니 계속 함께 걷게 됐다. 산티아고 데 콤포스텔라까지 665킬로미터가 남았다는 표지판이 보였다. 며칠 전에 분명히 790킬로미터였나 그랬는데. 어느 순간 훅 줄어든 숫자가 신기했다. 한 걸음 한 걸음이 모여 벌써 100킬로미터가 넘었다.

슬슬 뜨거워지는 햇살에 모자를 썼다. 걷다 보니 와인 농장으로 유명한 이라체(Irache)가 바로 다음 마을이었다.

나 혼자 앞서 걷다가 뒤에 오는 엄마와 언니와 같이 걸으려고 잠시 쉬고 있었다. 그때 한 할아버지가 말을 걸어왔다. 길을 잃은 어린 순례자인 줄로 아신 건지, 스페인어로 무언가를 열성적으로 설명해주셨다. 한 5분 간 가만히 듣고 있다가 소통을 시도해보려고 번역기로 문장을 띄워 보여드렸다. 그렇지만 할아버지께서는 내민 휴대폰에 시선도 주지 않고 설명을 이어가셨다. 머쓱하게 휴대폰을 집어넣고 할아버지의 말에 조금 더 주의를 기울여 들어봤다. 그러니까, 이쪽으로 가는 길이 있고 저쪽으로 가는 길이 있는데 이 길은 전부 동그랗다고?

알아듣지도 못하는 대화가 끝까지 즐거울 리 없었다. 햇살은 뜨겁고 다리는 아프고 슬슬 답답함이 올라왔다. 이 할아버지는 애니메이션 '업'의 주인공을 닮았고, 그림 같이 파란 눈동자를 가졌고… 딴 생각을 하며 약간의 짜증과 함께 고개를 끄덕거리고만 있었다. 결국 할아버지는 손을 내젓고 사라졌다. 글을 쓰는 지금에서야 추측해 보건대, 우회로와 험한 지름길의 존재를 설명해주신 것 같다. 그때는 길이 나뉜다는 사실조차 몰랐다. 열성적으로 설명해준 할아버지가 뒤늦게 고마워졌다. 수제비 재료를 사 온 엄마와 눈썹 언니와 함께 다시 길을 걸었다.

내 몸 안에 여러 개의 자아가 있는 것 같았다. 발의 자아는 걷는 고통을 견뎌내고 있고, 눈의 자아는 아름다운 풍경을 바라보며 힐링 영화를 찍고 있었다. 휴대폰 카메라로 하늘을 열심히 담으며 걸었다. 오늘의 길도 끝이 보였다. 그래, 끝이 보이기는 한다. 언젠가는 끝이 난다.

숙소다! 아담한 외관과 다르게 내부가 널찍하고 쾌적했다. 완벽한 풀 키친이라던 리뷰는 사실이었다. 시원한 물부터 한 잔씩 받았다. 그라시아스! (스페인어로 '감사합니다')를 외치며 물을 싹 비웠다. 여권, 크레덴시알, 돈, 차례차례 꺼내 체크인을 마치고 위층으로 향했다. 철제가 아닌 원목 침대가 놓여 있었다.

나무에 베드버그가 많이 산다는 말을 들었는데 이 침대는 포장지도 아직 벗기지 않은 새것이었다. 안심한 채로 샤워를 하고 침대에 누웠다. 프레임이 튼튼해서 누워도 흔들리지 않았다. 철제 침대는 사다리를 타고 올라갈 때마다 사정없이 흔들렸다. 이러다 침대가 내려앉지 않을까 불안하고, 프레임이 만드는 소음 탓에 누군가가 잠에서 깨지는 않을까 늘 마음을 졸였다. 원목 침대는 그야말로 신세계였다. 방에 작은 발코니가 딸려 있어 빨래를 널 수도 있었다. 마음에 들어! 짐을 대충 풀어두고 밀가루를 들고 부엌으로 내려갔다.

한참 수제비에 빠진 시기가 있었다. 칼수제비, 바지락 넣고 끓여 먹는 수제비, 채소 썰어 넣고 끓인 수제비… 다양한 수제비에 나름 통달하게 됐다. 반죽에도 나만의 레시피가 있었다. 물을 적당량 넣고, 밀가루를 넣고, 잘 반죽해서 냉장 숙성시킨다. 1시간 정도면 충분하다! 그리고 잘 숙성된 반죽을 떼어 넣고 끓이기만 하면 된다.

눈썹 언니가 챙겨온 미역 블록, 된장 블록을 넣고 감자, 양파를 썰어 넣었다. 엄마가 토마토소스를 넣은 리조또도 만들었다. 맛있는 냄새가 부엌을 가득 채웠다. 말은 아끼고 열심히 먹었다. 오랜만에 국물을 먹었더니 속이 다 시원해졌다. 금세 그릇을 싹싹 비우고, 설거지도 해놓고, 빨래도 돌려놓고 나니 자유시간. 오늘 치 글을 쓴다는 엄마 옆에 누웠다. 한가롭게 밀린 소식을 확인하고 내일의 숙소도 찾아 봤다. 할 일을 마쳤더니 심심했다. 엄마의 생각 수첩을 열어봤다. 그때그때 감상을 기록하는 엄마의 노트다.

오늘 분량의 종이엔 탱탱볼이 쓰여 있었다.
윤이=탱탱볼.
이게 뭐야! 깔깔 웃었다.

"엄마, 오늘은 내가 탱탱볼 같았어?"

"응, 통통 튀어가는 게 탱탱볼 같았어."

저녁으로 먹은 수제비와 토마토 리조또

걷는 나

몬하드린 초입에서 본 환상적인 하늘

09 나
　　바
　　레
　　떼

Navarette

　새벽 5시, 불을 켜지 않은 알베르게는 어둑했다. 휴대폰 플래시를 비춰가며 복도에서 짐을 쌌다. 더듬더듬 어둠 속에서 치약을 찾아 양치도 했다. 모두가 잠들어 고요한 이곳, 우리 넷만 신이 나서 길을 떠날 준비를 하고 있었다. 오늘은 눈썹 언니, 체육 언니와 함께 걷는다.

　오랜만에 동키를 보냈다. 오래 걸을 거라 짐이라도 줄여야 했다. 가벼운 가방을 메고 1층에 모여 출발기념 사진을 찍었다. 가로등이 켜져 있던 마을을 벗어나니 깜깜하기만 했다. 하늘에는 별이 수없이 박혀 있었다. 하늘을 수놓은 별을 길잡이 삼아 가는 낭만적인 길을 걷고 있었다.

　어제 만난 체육 언니와는 속도가 의외로 맞았다. 체육 언니로 말할 것 같으면 무려 하루에 40킬로미터씩 걷는 순례자였다. 언니와 함께 가니 무시무시하게 속도가 났다. 걱정했던 두 개의 언덕도 아주 수월하게 넘었다. 역시 겪어봐야 안다. 해가 등 뒤에서 뜨고 있었다. 할리우드 로드무비에서 나올 것 같은 널찍한 도로의 갓길을 따라 걸었다.

비아나(Viana)에서 간단한 아침을 먹고 엄마와 체육 언니는 먼저 출발했다. 눈썹 언니와 내가 발을 맞추어서 걷기로 했다.

아까부터 미약하게 쓰려오던 발의 통증이 점점 심해졌다. 속도도 자연스럽게 더뎌지고 있었다. 눈썹 언니는 컨디션에 맞춰 오라는 말을 남기고 먼저 걸어갔다. 언니가 쉬엄쉬엄 오라고 했으니 말을 잘 듣는 나는 좀 쉬기로 했다. 양말도 신발도 다 벗어 던졌다.

발에는 아마 물집이 잡힌 것 같았다. 실체를 보면 통증이 더 크게 느껴질 것 같아 바람만 통하게 두었다. 누구는 발톱이 빠지고, 누구는 물집이 발바닥 전체에 잡혀 고생이라는데 엄마와 나는 다행이라는 이야기를 어제 나누던 참이었다. 이래서 말을 함부로 하면 안 된다. 어기적어기적, 아픈 부위를 세게 밟지 않으려고 조심스럽게 걸으니 속도는 더 느려지고 통증은 여전했다. 5분에 한 번씩 주저앉던 버릇을 고치나 싶었는데 못 고쳤다. 자꾸 쉬게 됐다. 노래라도 들을 수 있으면 노동요 삼아 속도라도 낼 텐데. 마침 노래를 크게 틀고 걷는 무리가 지나갔다. 퀸의 노래가 흘러나왔다. 마마, 저스트 킬드 어 맨….

잠시나마 흥얼거리며 걷다 보니 설날의 복주머니를 닮은 로그로뇨(Logrono)의 가리비 표식이 보였다. 로그로뇨의 가리비는 독특했다. 가리비만 보고도 로그로뇨구나! 하고 알 수 있었다. 드디어 마을에 들어왔으니 이제 지도를 켜고 셋을 만나기로 한 타파스 집을 찾을 차례였다. 오늘은 유명한 양송이 타파스를 먹기로 했다. 이 골목만 지나면 타파스 집이겠지… 하면서 20분을 더 걸었다. 저기 멀리서 윤아! 를 외치며 달려오는 여자, 우리 엄마다! 1시간을 기다렸단다.

많이 기다렸구나… 그래도 1시간이면 생각보다 일찍 도착했다. 타파스 집은 아직 문을 열지 않았다. 오픈 시간까지 기다리기에는 배가 너무 고팠다. 문을 연 카페로 무작정 들어갔다. 샌드위치, 오믈렛, 오렌지주스… 요즘 오렌지주스에 맛을 들였다. 여기 오렌지주스는 100% 순수 과일주스다. 당도가 엄청난 싱싱한 과일을 즉석에서 착즙한 주스는 정말 별미였다.

시내를 빠져나가려는데 가만히 생각해보니 깜박한 일이 하나 있었다. 대도시에 있을 때 라면을 사야 했다! 아시안 마켓에서 라면을 사고, 물도 채웠다. 힘차게 출발했는데 평화롭게 서 있는 공원이 등장했다.

"우리 좀 쉴까요?"

눈 찡긋. 여유롭게 가자며 다들 재빠르게 자리를 잡았다.
마침 체육 언니한테 있던 돗자리도 폈다. 다들 편하게 자리를 잡았다. 발을 쭉 뻗고 맑은 하늘과 푸른 잔디를 보며 여유를 즐겼다. 이 좋은 추억을 사진으로 남기자며 체육 언니가 삼각대를 꺼냈다. 잔디밭에 앉은 우리의 모습, 찰칵! 발 통증이 부쩍 심해진 체육 언니와 나를 위해 엄마가 마법의 젤을 꺼냈다. 시원한 젤을 발에 바르고 조물조물 마사지하면 화한 느낌이 돌면서 통증이 마법처럼 사라졌다. 마사지한 다음 일어나보니 발이… 발이…

"새삥이야!"
"이건 마법이야!"

체육 언니도 탄성을 질렀다. 발이 새삥일 때 얼른 힘내서 가기로 했다.

엄마는 오전에 힘을 다 썼는지 이제 나와 속도가 맞았다. 대부분이 로그로뇨에서 멈추기 때문에 오후의 길은 조금 더 한적했다. 익숙했다. 우리는 남들보다 배로 느리고 자주 쉬었다. 그렇다고 일찍 출발하지도 않았다. 그래서 우리는 사람들이 다 지나간 길에 마지막까지 남겨졌다.

늦은 오후의 햇살 아래 우리만 남겨진 길은 자유로웠다. 주위를 둘러봐도 집도 사람도 하나 없는 이 허허벌판에서 목이 쉴 만큼 노래를 부르다가, 그러다 엄마와 속도가 맞아 들면 오손도손 이야기하면서 걸었다. 대판 싸우기도 하지만 금방 화해할 수 있는 길, 그런 평화롭고 느릿한 길이었다.

길에서는 속도로 순위를 매기지 않는다. 알베르게 문이 열리기도 전에 그 앞에 배낭을 내려놓고 기다린다고 메달을 걸어주지도 않는다. 그 사실을 알면서도 때때로 나는 그 속도가 신경 쓰였다. 느릿느릿 내 재미대로 내 마음대로 내 속도로 걸으면 그만인데 알베르게에 얼마나 일찍 도착할지, 산티아고에는 얼마나 일찍 도착하게 될지 조바심을 내느라 마음의 여유를 잃고는 했다. 동시에 마음을 편하게 갖지 못하는 내가 답답했다.

해결책은 단 하나. 모든 걸 내려놓는 거다. 당장의 순간과 행복한 마음에 집중해서 걷다 보면 끝에 도달하기 마련이다. 오늘의 길도 끝이 가까워지고 있었다.

짐을 보내둔 마을 초입의 사립 알베르게로 가서 짐을 찾았다. 짐 보관료와 물값을 치르고 무거운 짐을 껴안고 뒤뚱뒤뚱 공립 알베르게를 찾아갔다. 친절한 호스피탈레로가 우리를 맞아줬다.

"엄마랑 딸이라고요? 어쩌다가 까미노에 오게 됐어요?"
"우리는 우리한테 이 길을 다 걸을 수 있다는 걸 보여주고 싶었어요!"

내가 칼을 갈고 연습했던 문장이었다. 그렇게 들어간 알베르게에서 반가운 얼굴들을 만났다. 여기저기서 마주쳤던 사람들이다. 군청 아저씨, 대전 언니, 김 씨 아저씨, 눈썹 언니, 대만 언니, 체육 언니와 광주 총각, 엄마와 나까지. 반가운 마음에 저녁을 같이 먹기로 했다. 군청 아저씨의 특제 콜라 갈비찜이 오늘의 메뉴였다.

신나게 이야기도 하고, 자리가 정리될 무렵 무심코 바라본 발바닥에는 정말 물집이 올라와 있었다. 사람들이 바늘로 콕 찔러서 터트려야 한다고 했다. 눈썹 언니가 빌려준 바늘을 들고 위층으로 올라갔다. 심호흡하고 소독한 바늘을 물집에 가져 댔는데 바늘이 안 들어갔다. 힘을 너무 안 줬다.

고백할 사실이 있다. 나는 굉장한 쫄보라는 것. 특히 날카로운 것과 아픈 것은 이렇게까지 싫어할 수 있나, 할 만큼 싫어했다. 유독 주사가 무서웠다. 악착같이 피해온 바늘을 내 몸속에 찔러 넣는 일에는 정말 많은 용기가 필요했다.

이 정도면 안 터트려도 되려나, 싶어 물집을 살살 건드려봤다. 아무것도 모르는 내 눈으로 봐도 무조건 터트려야겠다. 다시 심호흡하고 바늘을 들어 물집을 터트렸다. 터진 건지 안 터진 건지 가물가물했다. 하여튼 간에 바늘이 들어가긴 했으니, 그만 덮어두자. 양말을 신고 잠에 들었다.

해가 뜨는 하늘

10 나
혜
라

Najera

오늘은 나바레떼(Navarette)에서 17킬로미터 떨어진 나헤라(Najera)를 거쳐 아소프라(Azofra)까지 간다. 중간에는 단 하나의 마을만 있다. 같이 출발했던 그 많은 순례자는 그저 스쳐 지나가는 존재일 뿐, 엄마도 오늘따라 힘이 넘치는지 나를 앞서갔다. 나만 기어가고 있었다.

한 시간쯤 걸었을까. 걸을수록 발 통증이 심해졌다. 혼자 걷는 길이 이렇게 외롭고 서러웠던 적은 없었다. 눈물이 그렁그렁 나기 시작했다. 눈물이 겨우 멈출 때쯤 맛있는 샌드위치를 파는 푸드트럭이 나왔다. 아까 한참 앞서간 눈썹 언니가 트럭 앞 테이블에 앉아있었다.

"언니, 언제 오셨어요?"
"아까 왔어요, 한 40분 쉬었나⋯."

눈썹 언니는 쉴 때 화끈하게 쉬는 스타일이다. 우리처럼 쪼잔하게 쉬지 않았다. 손바닥만 한 크루아상 샌드위치를 먹고 나니 힘이 좀 나는 것 같았다. 엄마는 커피를 한 잔 마시고 나는 샌드위치 하나를 더 먹고 일어났다. 좀 걷다가 통증을 못 이겨 엄마 바지를 부여잡고 앉았다. 사람들이 바람을 통하게 하라는 조언을 남기고 지나갔다. 양말까지 홀라당 벗고 발가락을 꼼지락거리며 통풍을 시켜줬다.

　엄마는 고질적이던 무릎 통증이 해결됐는지 기운이 넘쳐 보였다. 그런데 그 에너지를 나한테서 뽑아 쓰는 걸까. 나는 유독 힘이 없었다. 정말 이렇게 힘들 수가. 근육통 정도의 문제라면 걸을 수 있는데 이건 달랐다. 발의 이 조그만 상처가 내 몸을 좌지우지하고 있었다. 도저히 안 되겠다. 오늘 아소프라까지 가는 것은 무리였다. 나헤라에서 쉬기로 했다.

　쉰다면 좀 제대로 쉬고 싶은데… 호텔 예약 앱을 슬그머니 켰다. 혹시나 해서 말이다. 알베르게의 가격과 비슷하면서도 굉장히 좋은 호텔이라든지 아파트먼트라든지 하는 숙소가 있지 않을까? 그런데 정말 그런 숙소가 있었다. 단돈 60유로에 방 세 개가 딸린 35평 아파트였다. 둘이 묵기엔 숙소도 크고, 가격도 부담이 되지만 서너 명이 묵는다면 다른 얘기였다. 독방을 쓰는데도 각자 15유로에서 20유로만 부담하면 되니까. 이제 같이 묵을 사람을 구해보자. 60유로 아파트… 를 생각하며 절뚝절뚝 걸었다. 아픈 부위를 건드리지 않으려고 애쓰고 있었다. 그때 나의 절뚝이는 발을 본 순례자가 말을 걸었다.

"물집이에요?"
"네… 너무 아프네요."
"그럼 좀 더 콱콱 밟고 가봐요. 고통에 무뎌지게!"

짧은 조언을 남기고 간 날쌘 순례자의 말을 듣고 그때부터 발을 콱콱 밟으면서 걸었다. 벅찰 만큼 아프더니 고통에 금방 무뎌졌다. 생각의 전환이었다. 고통이 무뎌지게 더 고통을 가하라니… 실제로 효과가 있기까지 했다. 새롭게 터득한 방법으로 걷고 있는데 얼굴이 익숙한 커플이 지나갔다.

수비리의 식당에서 처음 인사를 나눈 뒤 이따금 마주쳤던 커플 순례자였다. 짧은 인사를 뒤로 하고 그들은 먼저 앞서갔다. 커플의 등을 보며 걷는데 아파트 생각이 뒤늦게 났다. 물어볼걸! 그때 엄마가 보였다. 커플 순례자와 이야기를 나누고 있었다.

"윤아! 아파트 얼른 소개해줘 봐."

역시 내 엄마! 엄마는 기가 막힌 섭외력을 발휘하고 있었다. 나도 열심히 같이 떠들었다. 한 명당 15유로만 내면 되는데 독방을 쓸 수 있는 숙소예요, 삼십오 평이고요… 앗싸, 흔쾌한 오케이를 받았다. 나헤라에 도착해 연락하기로 하고 기분 좋게 그들을 먼저 보냈다. 엄마 손을 잡고 휙휙 걷는데 웃음이 막 났다.

어느새 오늘의 목적지인 나헤라다! 마을 초입에서 떨어진 생필품을 샀다. 점심은 중국 음식. 나헤라에 중식당이 있다는 소식을 듣고 어제부터 기대하고 있던 참이었다. 식당에 도착해 눈썹 언니의 문자를 확인했다. 우리의 행선지 변경을 언니에게 문자로 알려둔 참이었는데, 아무래도 다음 마을까진 가야 할 것 같다며 다음에 꼭 만나자는 내용이었다. 눈썹 언니는 가장 오래 함께한 일행이었던 터라 아쉬움이 컸다. 엄마는 헤어짐이 있어야 만남이 있는 거라고 했다.

"그래도 조금 많이 아쉬운 건 어쩔 수 없다."

"맨날 이렇게 아쉬워서 어쩌지?"

"익숙해지면 그게 더 신기한 일이야."

눈썹 언니가 식당에서 맛있게 먹은 메뉴들을 추천해줬다. 언니의 추천대로 볶음밥, 탕수육, 고기볶음, 중국식 수프, 다양하게 시켜 먹었다. 입에 꼭 맞았다.

숙소는 식당 바로 건너편에 있었다. 문을 열자마자 감탄을 내질렀다. 디테일 하나하나가 사랑스럽고 예쁜 가정집이었다. 뒤이어 도착한 커플도 마음에 들어 했다. 커플은 더블베드, 우리는 각자 방 하나씩을 독차지했다.

엄마의 취향을 저격하는 파란색 타일이 깔린 화장실도, 부엌도 모두 넓고 쾌적했다. 오늘의 내 방은 노란색 벽지에 싱글베드가 두 개 놓여 있었다. 침대 하나를 살짝 밀어보니 움직였다. 붙여서 하나의 큰 침대로 만들고 펄썩 누웠다.

커플이 장을 봐온 재료로 저녁을 만들어 먹고, 아무도 나오라고 재촉하지 않는 여유로움 속에서 따뜻한 물로 공들여 씻었다. 상쾌한 기분으로 침대에 드러누워 오랜만에 넷플릭스를 켰다. 밀린 드라마가 많았다. 아, 지금이 아주 마음에 들었다. 푹신한 침대, 창문 밖으로 보이는 해지기 직전의 하늘, 노곤한 몸까지… 스르륵 잠이 들었다.

눈썹 언니의 카메라에 걸린 우리의 뒷모습

저녁으로 먹은 삼겹살

11 산
　토
　도
　밍
　고
　데
　라
　칼
　사
　다

Santo Domingo de la Calzada

9시가 넘어서 숙소를 나섰다. 건너편에 있는 알베르게에는 580킬로미터가 남았다는 표지판이 붙어있었다. 줄어든 숫자가 반갑고도 어색했다. 순례길의 알베르게나 식당에는 산티아고 대성당까지 남은 거리를 알려주는 표지판이 많이 붙어있다. 정확한지는 모르겠다. 같은 마을 안에서도 이만큼 남았네, 저만큼 남았네 하고 분분한 의견들이 오가고는 했다. 그럼 뭐 어때, 보면서 반가우면 됐지!

출발한 지 10분 만에 길을 잃었다. 화살표가 어디에도 보이지 않았다. 구글 지도를 켜서 들여다봤다. 지도는 이 길이 맞는다는데 우리를 앞서가는 순례자는 다른 길로 가고 있었다. 경험상 구글 지도가 언제나 옳은 방향을 알려주는 건 아니었다. 그때, 뒤에서 나타난 한 순례자가 다른 길을 가리켰다. 그는 한쪽 다리를 무척 절뚝이며 걷고 있었다.

"알유오케이?"
"낫 오케이…."

순례자가 멋쩍게 웃어 보였다. 그래도 가야 한다며 씩씩하게 걸어갔다. 그의 뒷모습을 보며 오늘의 길을 걷기 시작했다.

오늘은 목적지에서 만날 사람이 있다. 은영 언니다. 언니는 팜플로나에서 사흘 더 머무르다가 엊그제 다시 걷기 시작했다. 꼭 다시 보자고 인사하며 헤어졌는데, 언니는 우리를 정말 다시 만날 기세로 부지런히 걸어오고 있었다. 팜플로나 이후로 도움이 될까 싶어서 이런저런 정보가 담긴 문자를 보내고는 했다. 때로는 나의 경험이 정확한 정보가 아니었나 보다. 로르까 가는 길이 아주 수월하다는 내 말을 믿었다가 아주 큰 고생을 했다고.

"가만 보니까 윤이는 알베르게 도착해서 잘 먹고 잘 자면 그날 길의 고통을 행복하게 덮는 거 같아. 고생을 쉽게 잊어버려."

한참 웃었다. 맞는 말이었다. 벌써 피레네산맥의 고난도 싹 다 잊었다. 하여튼 언니는 오늘 우리가 도착할 산토 도밍고 데 라 칼사다까지 버스를 타고 넘어올 예정이다. 만날 알베르게를 정해놓고 반가운 마음으로 걸었다. 눈에 들어오는 모든 것이 반가웠다. 토마토인지 파프리카인지 모를 붉은 열매조차 반갑기 그지없었다. 다리 앞에 있는 표지판을 보고 단어 하나를 익혔다. 푸엔테 라 레이나는 다리.

마을 초입의 바에 잠시 들렀다. 엄마는 발리 여행을 가서 마셨던 레몬 맛이 나는 빈땅맥주를 잊지 못하고 있었다. 오늘 들른 바에서 빈땅맥주와 똑같은 맛이 나는 맥주를 찾았단다. 바를 나서기 전, 화장실에 다녀왔더니 엄마가 처음 보는 할아버지와 하하 호호 웃고 있었다.

엄마는 며칠 전부터 고민을 토로해왔다. 만나는 사람의 폭이 너무 좁은 것 같다고. 지나가는 순례자와 이야기를 나누고 친구가 되는 게 순례길인 줄 알았는데 생각과 다르다고. 고민을 지속해오던 엄마는 결국 우연한 만남을 만들어왔다. 할아버지의 이름은 존, 존 할아버지다.

엄마는 신기하게 누구와도 의사소통할 수 있었다. 언어가 통하지 않아도 말이다. 짧은 사이에 할아버지의 신상을 다 알아냈다. 잠시 대화를 나눴다. 솔직히 말하자면, 그 짧은 대화에서도 할아버지는 그렇게 좋은 인상으로 남지 않았다. 엄마는 할아버지와 즐거운 투의 대화를 이어가고 있었는데, 나는 아니었다. 말 한마디 한마디에 그 사람의 성격, 생활, 가치관 같은 게 엿보이는 건 당연한 일이다. 상대의 언어를 이해한다는 건 그 사람을 이해한다는 뜻이라고 생각한다. 영어에 조금 더 유창한 내가 소통을 담당한 탓에 더욱더 우리의 감상이 갈렸는지도 모른다. 엄마가 미처 눈치 채지 못한 불쾌함을 귀로, 머리로 느끼게 된 거다. 할아버지에게서 은은히 배어 나오는 무지함에 이미 질려 있던 참이었다.

엄마가 같이 사진을 찍자며 휴대폰을 내밀었다. 치즈~ 하는데 할아버지가 엄마를 보며 뺨을 톡톡 두드렸다.

볼 키스를 해주라고? 이건 정말 아니지!

엄마는 아무렇지 않아 보였는데 나는 이 상황이 정말 불쾌했다. 볼 키스를 요구하는 게 맞는 일인가? 내가 사람을 속단하고 예민하게 구는 건가?

존의 문화권에서는 웃으며 넘어갈 수 있는 문제일 수도 있다. 하지만 나는 생전 처음 보는 사람에게 볼 키스를 요구하는 남자를 기분 좋게 넘길 수 없는 사람이었다.

나 말고는 모두가 웃고 있어서, 뭐라고 할 수가 없어서, 내가 너무 예민한가? 하고 멈칫하게 되는 순간이 많았다.

세상에 엄청나게 합리적이며 모든 것을 아는 기계가 있으면 좋겠다. 이렇게 묻는 거다. 내가 기분이 나빠도 되는 상황이니? 하지만 생기지 않을 상황이었다. 그래서 이렇게 생각하기로 했다. 내가 기분 나쁘면 나쁜 거다!

존 할아버지는 호텔에서 묵는단다. 할아버지는 우리를 위해 호텔 방을 하나 잡아주겠다고 했지만 단호하게 거절했다.

쉬엄쉬엄 걷다 보니 산타 도밍고 데 라 칼사다, 오늘의 목적지였다. 우리의 숙소는 대형 규모의 알베르게. 1층에 물 자판기가 있었다. 시원한 물 한 병부터 뽑아 마시고 체크인했다. 배정받은 자리에 짐을 풀어두고 보니 은영 언니가 있었다. 반가움의 인사를 나눴다. 오늘은 언니를 만나려고 걸어왔어요!

토마토인지 파프리카인지 알 수 없던 열매

12 벨로라도

Belorado

선크림 바르기가 귀찮아 며칠 걸렀다. 어느새 얼굴이며 손이 극명하게 탔다. 햇빛을 직격으로 받아낸 두피도 사정없이 탔다. 각질이 일어나고, 물이 닿을 때마다 쓰리고 아프기까지 했다. 며칠 모자를 눌러쓰고 걸었더니 두피는 조금 괜찮아졌는데 다른 곳에는 탄 흔적이 잔뜩 남아있었다.

"이미 탈 만큼 타서 더 타도 될 것 같아."
"아냐, 타는 게 문제가 아니야. 강한 볕이 몸에 안 좋아."

엄마가 잔소리와 함께 선크림을 쥐여줬다. 건강은 지키고 싶어 선크림을 발랐다.

오늘은 은영 언니와 함께 걷는 길이었다. 약 7킬로미터를 걸은 뒤, 우리는 세상에서 가장 아름다운 마을을 만났다… 그라뇽(Granon). 아직도 뇌리에 박혀 있는 마을이다.

날씨는 적당히 흐림. 파란색 푸드트럭 옆으로 삼각 지붕의 카페가 하나 보였다. 잔디 위에 놓인 테이블, 그 주변에 둘러앉아 여유를 즐기는 순례자들. 피아노 선율이 흐르고 시원한 레모네이드까지. 하룻밤 묵고 싶어지는 마을이었다.

그러나 오늘도 가야만 하는 이유가 있었다. 어젯밤, 군청 아저씨에게 연락이 왔다. 나바레떼에서 만났을 때 딸내미 보신 시켜줘야겠다고 하시더니, 오늘 정말 백숙을 삶아주시겠노라고.

벨로라도(Belorado)의 공립 알베르게에서 만나기로 했다. 엄마는 이 백숙 약속을 몰랐다. 일부러 말하지 않았다. 순례길에서 만나는 사람을 대하는 우리의 마음이 무척 달라서다. 엄마는 물 흐르듯 사람을 만나는 것이 좋다고 하지만 나는 이런 자그만 약속들이 즐거웠다. 하여간 오늘은 반드시 벨로라도까지 가야 했다. 레모네이드 두 잔을 훌쩍 비우고 일어섰다.

그라뇽, 아쉽지만 안녕…. 점심에 식당에서 만나기로 하고, 각자 속도에 맞추어 걷기 시작했다.

조그만 무언가가 자꾸 움직이고 있었다. 자세히 봤더니 새끼고양이 두 마리였다. 낯선 나를 가족이라도 되는 양 반겨주는 새끼고양이들. 내 무릎에 올라탄 고양이를 쓰다듬으며 시간을 보냈다. 새끼고양이들이 고롱거리는 소리를 냈다. 다른 순례자들도 고양이를 사랑스럽게 쳐다보다가 나에게도 웃음을 나눠주고 지나갔다. 두 마리만 있는 줄 알았는데 어디선가 두 마리가 더 나왔다. 네 마리 고양이들과 한참 시간을 보내고 있는데, 저 멀리서 다른 순례자가 휘파람을 열심히 불었다. 치사하긴. 그에게 관심을 돌린 고양이들을 뒤로하고 일어났다. 그제야 나를 기다리고 있을 은영 언니와 엄마 생각이 났다.

다음 마을 레스토랑에서 기다리고 있던 언니와 엄마를 만나 샌드위치를 먹고 다시 길을 나섰다. 멀리 있는 저 노란 꽃은 무슨 꽃일까. 가까이에서 보니 고개를 적당히 들고 있는 해바라기였다. 웃는 얼굴이 그려져 있었다. 해바라기 씨를 표정대로 뽑아 만든 얼굴. 자세히 보니 여러 해바라기에 얼굴이 새겨져 있다.

음, 저 친구는 눈이 좀 화났고. 이 친구는 입이 조금 떨리네. 이 친구가 제일 활짝 웃고 있어. 얘 앞에서 찍어! 신중하게 해바라기를 고르고 그 앞에서 웃으며 사진을 찍었다.

웃음을 가져다준 해바라기밭 이후로 또다시 끝없는 길이 이어졌다. 은영 언니는 앞서가고 엄마와 나는 한껏 여유를 부리기 시작했다. 그늘에서 한 20분쯤 쉬었을까? 적막하던 길에 범상치 않은 포스가 풍기는 순례자가 등장했다. 주렁주렁 달린 묵주가 인상적이었다. 그런데도 내가 쓴 것과 비슷하게 생긴 모자, 긴 팔의 등산복, 긴 바지가 확신을 담아 외쳤다. 한국인이다!

너무 더워서 친화력이 발달했는지 나도 모르게 안녕하세요, 하고 인사를 건넸다. 다행스럽게도 한국인이 맞았다. 밝은 인사가 돌아왔다. 세상에, 이야기를 터보니 아주 먼 길을 걸어왔다. 우리가 며칠 전에 지나왔던 마을에서 오늘 출발해 지금 여기까지 걸어왔단다. 경이로웠다. 오늘 우리의 목적지인 벨로라도 직전 마을에서 쉴 예정이란다. 한계를 벗어난 사람이다… 감탄을 금치 못하며 '불도저 아저씨'라고 이름 붙인 순례자를 먼저 보냈다.

엄마도 자극받았는지 벌떡 일어났다. 나는 그저 느긋하게 걸어가는 엄마의 뒷모습을 바라보았다. 작은 게임을 하듯, 엄마가 안 보이기 시작하면 그때부터 걸어야지 마음먹었는데 생각보다 엄마가 오래 보였다. 덕분에 긴 휴식을 취했다. 엄마를 금방 따라잡았다.

"딸. 진짜 너 오래 쉬더라. 한참 뒤를 돌아보면서 왔는데 돌아볼 때마다
네가 앉아있었어."
"엄마가 안 보일 때까지 쉬어서 그래."

　햇볕이 쨍쨍, 길은 무더웠다. 물은 다 떨어진 지 오래였다. 둘 다 수분 보
충을 못 한 채 걷고 있는 길이었다. 엄마가 유독 힘들어했다. 토시에 긴 바
지까지 껴입어 더욱 더워 보였다. 엄마가 만약 쓰러지면 도와줄 수 있는 사
람도 없었다. 걱정되는 마음에 자꾸 뒤돌아보면서 걷는데, 엄마는 그게 더
신경 쓰인다며 살아서 가겠으니 먼저 가라고 손짓했다.
　그래서 나는 속도를 높였다. 와, 뭐지? 왜 나는 지금 펄쩍펄쩍 뛰어갈 수
도 있을 것 같지?
　발이 절로 휘청거릴 만큼 힘든 날인데, 신기하게도 눈은 다른 세상을 보
는 것 같았다. 이 아름다운 세상! 구름 한 점 보이지 않는 저 하늘이 미울
만도 한데 그저 기뻤다. 진한 행복 속에서 엄마 걱정이 자꾸 머리를 들었
다. 어떻게 힘내라는 메시지를 전할까? 남은 거리를 중간중간 땅에 새기
며 걸었다. 보고 힘내서 오라고, 실제 남은 거리보다도 더 줄여서 적어놨
는데 나중에 물어보니 내 사랑의 메시지를 단 하나도 못 봤단다. 그 큰 글
자를 어떻게 못 봤지?
　마침 그늘에 앉아 쉬고 있는 한 순례자를 만났다. 뉴욕 출신 오닐 아저씨
다. 아저씨는 흘러내리는 땀을 닦으며 숨을 고르고 있었다. 힘내라는 말을
건네고 지나치려다가 좋은 생각이 나서 다시 뒷걸음질을 쳤다.
　"저기… 혹시, 뒤에 곧 어떤 여자가 올 건데요. 파란 배낭에 회색 셔츠 입

은 사람, 우리 엄마예요. 엄마가 지금 너무 힘들어해서 그런데요. 혹시 우
리 엄마를 보게 되면 딱 1킬로미터 남았다고. 10분만 힘내서 오라고 전해
줄 수 있을까요?"

"그럼, 물론이죠!"

"고마워요! 아저씨도 힘내서 오세요!"

오닐 아저씨는 약속을 지켰다. 엄마를 기다렸다가 친절하게 말을 전해
줬다. 당신 딸이 지나가면서 엄마에게 꼭 전해달라고 당부하면서 갔어
요… 1킬로 남았다고요! 힘내서 오라고요!

딸이 전해달라고 부탁했다는 앞말은 듣지 못했는지, 엄마는 야, 참 친절
한 아저씨가 1킬로 남았다고 알려주더라며 이야기를 해줬다. 엄마! 내가
부탁한 거야! 내가!

드디어 마을이다. 갓길의 그늘 덕분에 길이 시원했다. 걷기가 조금 수월
해지자 엄마는 한참 벨로라도 흉을 봤다.

"오는 길 너무 덥고, 도로에 트럭은 너무 무섭고. 차가 씽씽 쌩쌩 다니는
데 나 정말 놀라서 심장이 두근두근… 정말 벨로라도 벨로야."

"엄마… 그거 농담이야?"

"응. 벨로라도 벨로야."

"어어, 그래…."

알베르게에 들어서는데 닭 두 마리를 주렁주렁 들고 오는 군청 아저씨
를 마침 만났다. 얼른 씻고 밥 먹으러 내려오라는 아저씨 말에 신나게 위층

으로 올라갔다. 엄마도 기분 좋은 얼굴이었다.

다락방 같은 구조의 방이었다. 하필 맨 가장자리의 침대를 배정받았다. 2층 침대에 앉아있으면 천장에 머리를 부딪칠 수밖에 없는 곳이었다. 심지어 침대에 올라갈 때마다 이동식 사다리를 일일이 옮겨와야 했다.

그런데 반전이 있었다. 이 좁은 건물에 이런 공간이 있었네, 할 정도로 널찍하게 트인 식당. 큰 창문으로 바람이 솔솔 통하기까지 했다. 저녁 준비를 도와드리려고 내려갔더니 아저씨가 뚝딱뚝딱 벌써 다 해놨다.

"뭘 내려와, 끓이기만 하면 돼!"

은영 언니, 나, 엄마, 군청 아저씨와 군청 아저씨의 길동무 스페인 할아버지가 모였다. 스페인 할아버지는 바게트를 뜯어 국물에 찍어 먹고, 우리는 닭죽을 먹었다. 각자 방식대로 즐겁게 닭 다리도 하나씩 뜯었다. 타국에서 끓인 백숙의 맛이라고는 믿기지 않을 만큼 맛있었다. 달달한 맛이 나는 릭(대파와 비슷한 스페인 채소)과 통마늘도 차례차례 건져 같이 먹으니 바로 이 맛이었다. 오늘을 걸어온 보람이 있었다.

평화롭고 고요한 마을 그라뇽

군청 아저씨 표 백숙

벨로라도의 공립 알베르게 입구에서 발견한 문구

13 아
   헤
   스

Ages

"중요한 건 사랑받는 것이 아니라 사랑하는 것임을….'

알베르게 문 앞에 놓인 한글 문구가 반가워 마음속에 새겨두었다. 554.6 킬로미터가 남았다고 알려주는 작은 표석이 보였다. 카스띠야 이 레온 (Castilla y Leon)이라는 새로운 주의 이름이 적혀 있다. 행정구역상 새로운 지역으로 넘어온 것 같았다.

고개 숙인 해바라기밭이 눈에 들어왔다. 포도밭 천국에서 해바라기밭 천국으로 주변 풍경도 달라졌다.

어제 마주쳤던 그 범상치 않은 불도저 아저씨를 다시 만났다. 우리랑 같이 저녁이라도 해 먹을까 싶어 삼십 분을 기다렸는데도 안 와서 그냥 갔다고. 깔깔 웃었다.

"우리가 30분 기다린다고 오는 사람들이 아니지."

예상과 다르게 나는 산길을 타는데 재주가 있었다. 은영 언니도 윤아, 너 잘 탄다! 할 만큼. 반면 엄마는 오르막길에 약했다. 엄마는 평소 체력이 약한 나를 배려해서 늘 본인 짐을 조금 더 무겁게 쌌다. 오늘의 엄마는 너무 힘들어 보였다. 중간에 멈춰 짐을 바꿨다.

성말 뜨겁고 건조한 사막을 연상시키는 길이 이어졌다. 하나 남은 희망은 바로 오아시스. 이 길에 있는 바의 이름이다. 지도를 켜놓고 오아시스만을 바라보며 걸었다. 사막을 걷는 한 마리의 낙타가 된 것만 같았다. 구글 지도상에 나의 위치를 표시하는 푸른 점은 점점 오아시스와 가까워지는데, 정작 현실의 나한테는 코빼기도 안 보였다. 그러다 어느 순간 환영처럼 우렁찬 노랫소리가 들렸다. 그리고 저곳은, 정말로, 오아시스다!

젖먹던 힘을 다해 오아시스까지 걸었다. 은영 언니가 그늘에 자리를 잡고 앉아있었다. 엄마도 뒤따라 터덜터덜 걸어왔다. 과자 몇 봉지와 시원한 물을 사 왔다. 열심히 마시고 먹으니 힘이 좀 채워졌다. 엄마와 언니는 정말 군센 사람이었다. 더 쉬었다가는 처진다며 빠르게 일어났다.

나는 조금 더 여유를 부리고 있는데 그때 차 한 대가 덜컹거리며 들어오더니 바의 짐을 빠르게 챙기고는 사라졌다. 이 시간쯤에 닫는 모양이었다. 조금만 더 늦었으면 오아시스가 신기루 됐을 뻔했다는 생각에 소름이 끼쳤다. 오아시스도 사라졌으니 나도 서둘러야지. 무념무상, 걸음을 이어가다 보니 어느새 다음 마을이었다. 마을 입구에 있는 피자 가게에 엄마와 은영 언니가 앉아있었다.

마침 피자도 왔다. 음, 맛있다. 갑자기 충동이 일었다.

"그냥 이 마을에서 쉴까요?"

　다들 솔깃해했다. 그럴까? 하지만 내일은 부르고스에 들어가는 날이었다. 오늘 최대한 많이 걸어둬야 내일 충분한 휴식을 취할 수 있었다. 충동은 넣어두고 다시 가방을 멨다. 신기하게도 힘이 났다. 한 시간만 더 걸으면 오늘의 목적지였다. 삼십 분은 내일 숙소 예약에 문제가 생긴 탓에 빠르게 지나갔고, 나머지는 '곧 끝난다!' 생각하며 걸었더니 금방이었다. 그렇게 도착한 아헤스(Ages)는 골목길마다 아기자기한 장식이 가득한 인상적인 마을이었다.

　군청 아저씨는 우리를 보고 뛰어나왔다. 어쩌다가 이렇게 늦게 오냐며 걱정을 많이 했단다. 그러고 보니 시간이 꽤 늦었다. 벌써 저녁이었다.
　저희가 좀 여유롭잖아요, 멋쩍게 웃어 보였다. 낯익은 사람들이 알베르게 곳곳에서 우리를 반겨줬다. 씻고 나오니 발을 딛고 서 있기도 힘든 통증이 느껴졌다.

　엄마는 탁자에 앉아 여유롭게 글을 쓰고 있었다. 나도 엄마 수첩 한 장을 빌려 오늘의 일기를 썼다. 피레네산맥을 넘은 날부터 '아, 뭐라도 써야 하는데…' 생각만 하다 피로에 지쳐 미루고 있었다. 오늘에서야 처음으로 하루를 기록했다. 쓰고 난 뒤 가만히 앉아있기엔 좀이 쑤셔 1층 야외 테이블에 끼어 앉았다. 뒤에 앉은 스페인 사람들과 '아기상어' 노래를 부르며 신나는 저녁을 보냈다. 아주 환한 달이 뜬 밤이었다.

하늘과 달

사막길을 걷다 만난 야외 도네이션 바, '오아시스'

가까이 다가가서야 겨우 알아본 해바라기

14 부르고스

Burgos

이른 새벽에 눈 뜨자마자 길을 나섰다. 다음 마을에 도착하니 새벽 6시 45분. 마을 전체가 깜깜했다. 유일하게 문을 연 카페에서 고기파이를 시켜 아침을 먹었다. 카페에서 나오니 오늘 부르고스에서 함께 묵기로 한 한국 청년들이 짐을 정비하고 있었다.

나헤라에서 아파트를 빌렸던 날처럼 부르고스에서도 큰 숙소를 빌렸다. 어제 오늘 길을 걸어오며 만난 한국인들을 섭외했다. 다들 흔쾌히 오케이를 외쳤다. 잠시 인사를 나눈 뒤 발 빠른 청년들은 앞서가고 우리는 천천히 걷기 시작했다.

돌이 가득한 오르막길이었다. 오르막길에서는 엄마보다 내가 빨랐다. 혼자 걷는데 주변에 아무도 없었다. 쌀쌀하고 안개가 자욱한 날이라 그런지 스산하기까지 했다. 특수효과 없이도 공포 영화 한 편 찍을 수 있을 만한 곳이었다. 안개를 헤치며 걷다 보니 화살표 표지판 위로 누군가가 빼곡하게 적어둔 글이 보였다. 평소라면 그냥 지나쳤을 텐데. 가만히 앞에 서서 글을 읽어보았다.

"시간을 들이세요. 저 나무의 생김새는 어떤지, 돌의 생김새는 어떤지, 하늘에 떠 있는 구름의 움직임을, 땅의 개미들까지도 지켜보세요. 그 개미들이 어떻게 먹이를 찾아가는지, 돌과 돌 사이를 가로질러 움직이며 먹이를 찾으려는 모습을요. 오직 발만 쳐다보며 걷거나 앞만 보며 걷지 말고 주변으로 고개를 돌려보세요!"

이 글은 나를 따끔하게 혼내주고 격려해줬다. 발만 쳐다보고 길을 걷다가 고개를 들면 하늘이 아지랑이처럼 울렁거리고는 했다. 하늘의 울렁임은 주변을 돌아보지 않았다는 증거였다. 이후 내 발을 너무 오랫동안 봤다 싶으면 '턴 유얼 헤드 어라운드 유!'하고 외치며 구름을 보고, 나무를 보고, 돌을 봤다. 힘들어 당장 쓰러질 것만 같아도 지금 내가 걷는 길을 바라보고 관찰하는 습관이 생겼다.

동그랗게 생긴 나무를 들여다보며 길을 걸어 내려왔다. 유난히 주변이 웅성거리는 날이었다. 일찍 나온 날은 늘 무언가 더 소란스러웠다. 사람들과 속도를 맞추어 걷다 보니 오늘의 가장 긴 구간도 어느샌가 끝이 났다. 카페가 하나 보였다. 아침은 소화된 지 오래였다. 오믈렛이 정말 맛있다는 말에 오믈렛과 오렌지주스를 시켰다. 먹으니 힘이 났다. 군청 아저씨와 은영 언니와 함께 넷이서 걷기 시작했다. 부르고스까지 10킬로미터 남짓. 두 시간 반이면 너끈한 거리였다.

오늘 잡은 숙소는 순례길에서 조금 벗어난 위치에 있었다. 꼬질꼬질 때가 묻은 운동화와 스틱을 숙소 앞에 줄지어 세워놓고 안으로 들어갔다. 3층짜리 넓고 쾌적한 공간이었다. 다들 씻고 쉬다가 장을 봐오기로 했다. 하필 일요일이었다. 일요일에는 슈퍼마켓이며 뭐며 할 것 없이 전부 문을 닫았다. 택시를 잡아보려 앱도 깔아보고 업체에 전화도 해봤지만 먹통이었다. 일단 나가서 어떻게든 해보겠다며 아저씨와 언니들이 팀을 나눠 집을 나섰다. 나행스럽게도 지나가는 택시와 버스를 잡아탔단다.

엄마가 솜씨를 발휘했다. 부르고스 시내에서 공수해 온 김치로 맛있는 찌개를 끓이고, 두루치기를 만들고, 밥을 볶았다. 상에 차려두니 군침 도는 한식 한 상이었다. 다 같이 식기와 의자를 나르고 상을 차려 맛있게 먹었다.

엄마는 피곤했는지 즐겁게 이야기하다 방에 들어오자마자 코를 골며 잠이 들었다. 엄마는 피곤했을 거다. 방금 20킬로미터를 걷고 왔는데 힘이 들지 않았을 리가 없다. 엄마는 피곤한 와중에 부엌에서 두루치기와 찌개를 뚝딱뚝딱 만들어냈다.

오늘은 다 같이 상을 차린 날이었다. 누군가는 더운 날씨에 시내까지 나가 장을 봐왔고, 엄마는 요리했고, 다른 이는 정리하고 설거지를 했다. 착착 역할 분담이 이루어졌다. 그런데 엄마는 설거지하겠다고 나선 아저씨를 칭찬하며 "내가 하면 되는데, 고마워요."라고 했다. 나는 그 칭찬이 굉장히 어색하게 느껴졌다.

한국인들 사이에서 엄마는 중년 여성이 전통적으로 맡는 포지션에 갇혀 있는 것만 같았다. 자연스럽게 '엄마'의 역할을 맡고 있었다. 만나는 한국인마다 거두고 먹여야 한다는 강박을 느낀다고 엄마는 농담처럼 말했다. 엄마는 그 말처럼 자주 밥을 했고, 설거지를 했고, 누군가가 설거지를 하면 엄마 본인의 일을 거들어준 양 '고맙다고' 했다.

팜플로나 알베르게에서 누군가가 엄마의 직업을 물었다. 엄마의 직업을 규정하기가 조금 어려웠다. 프리랜서 성교육, 부모교육 강사인데 책도 쓰는 사람. 이 말을 영어로 옮기려니 또 고민이 됐다. 잠시 말을 고르는 사이에 제주도 아저씨가 끼어들었다.

"하우스 와이프, 그렇게 말하면 되는 거 아냐? 주부잖아."

며느리, 엄마 같은 꼬리표를 달게 되는 순간 엄마는 의무감에 시달린다. 무언가를 해야 한다고만 느낀다. 여기 순례길에서도 마찬가지다. 유일한 중년 여성인 김항심은 자꾸만 부엌에 들어가려 하고, 누구도 강요하지 않음에도 가스레인지 앞에 서서 무언가를 뚝딱뚝딱 만들어낸다. 그게 순전히 엄마의 마음에서 기인한 것은 아닐 거다. 제주도 아저씨와 같은 사람이 흘리는 말 한마디 한마디가 모였을 거다.

한국인들과 어울리는 엄마의 모습은 내게 익숙하다. 호탕하고, 넉살 좋고, 맥주를 좋아하고, 얼음을 좋아하는 엄마. 엄마의 지인을 만나거나 내 친구를 만나는 자리가 아닌, 엄마와 내가 공평한 위치에서 새로운 사람을 만나는 자리다. 그래서 그런지 나는 엄마가 '나의 엄마'가 아닌 '개인 김항심'으로 느껴질 때가 많다.

내가 바라본 개인 김항심은 멋진 사람이다. 사랑하는 일을 업으로 삼은 것이 참 행운이라고 여기는 사람이다. 읽을 책이 쌓였다며 한숨을 쉬면서도 읽을 책을 사 모으는 게 취미인 사람이다. 늘 공부하며 긴 여행길에도 책을 들고 오는 사람이다. 자주 푼수 같지만 단호할 때는 단호하고, 진지한 조언을 구할 때는 누구보다 열성적인 조언을 주는 사람이다. 열여섯 딸과 함께 스페인으로 떠날 만큼 용기도 있는 사람이다. 그런데 정작 그 김항심은 순례길에서 '태윤이의 엄마'로만 받아들여지고 있었다.

내 이름은 모두가 물었다. 내 나이도, 왜 길에 왔는지도 물었다. 엄마에게는 그런 질문을 하지 않았다. 이름을 묻지 않고도 '어머니', 엄마' 같은 호칭을 가져다가 불렀다.

나는 생각한다. 우리 엄마는 이곳에 다시 혼자 와야 할 거라고. 나의 엄마로서가 아닌 개인 김항심으로 말이다. 엄마라는 말로 모든 것이 설명되는 사람이 아닌, 이름은 무엇인지, 어떤 꿈을 꾸고 있는지, 하는 일이 무엇인지, 순례는 왜 하고 있는지 같은 질문이 당연한 개인으로서 말이다.

사람들과 자유롭게 이야기하고, 통하지 않는 대화에도 굴하지 않으며 꿋꿋하게 마음을 나누고, 그러다 웃기도 하고, 아무런 부담 없이 즐겁게 같이 식사를 준비하고, 낯선 이와 속도를 맞춰 걸어보기도 하는 그런 개인으로서의 경험으로만 꽉 찬 나날을 항심이 꼭 경험했으면 좋겠다.

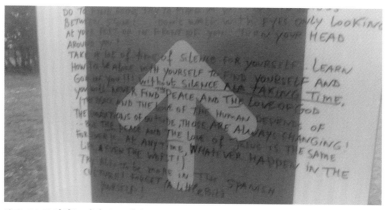

부르고스로 향하는 길에 본 표지판

"윤아, 너 머리가 삼식이 같아."

"뭐가 문제야?"

"아니, 앞머리를 그렇게 가르니까 꼭 삼식이나 영구, 돌쇠 이런 애들 같
아."

아침에 머리를 대충 묶다 보면 저절로 가르마가 5:5로 갈라졌다. 엄마 말
에 거울을 들여다보면 정말로 삼식이가 있었다. 아무리 정돈해봐도 오뚝
이처럼 그 자리로 돌아갔다. 사실 삼식이가 누군지는 모르겠지만 이렇게
기름 발라 넘긴 것 같은 5:5 앞머리를 가진 사람이리라. 한국에 가면 할 일
이 하나 더 늘었다. 앞머리 예쁘게 자르기.

1층 거실로 내려가 어젯밤을 즐기고 푹 잔 사람들과 오늘의 계획을 나눴
다. 누군가는 오늘도 전진, 누군가는 적당히 전진, 누군가는 부르고스 시내
에서 하루를 더 쉴 것이다. 우리도 적당히 전진하는 쪽이었는데 갑자기 쉬

고 싶다는 생각이 스멀스멀 올라왔다. 지금 앉은 소파가 너무 편안했다. 엄마도 선선히 응했다. 부르고스의 공립 알베르게로 향하기로 했다.

대도시에 온 김에 쇼핑을! 엄마는 답답하다고 모자 없이 2주를 걸었다. 머리카락이 햇빛에 바래고 있었다. 고동색이었던 머리가 금빛으로 확 밝아졌다. 모자를 사자. 우리 둘 다 손이 무척 탔다. 선크림으로는 역부족이었다. 보호 장갑이랑 샌들도 사자. 발에 열이 잔뜩 올랐을 때 등산화를 신고 있으면 정말 답답했다. 묵직하고 통풍도 잘 안 되니 차라리 맨발로 걷고 싶을 때가 많았다. 운동화를 가방 뒤에 매달고 가벼운 샌들로 걷는 사람들이 얼마나 부러웠는지 모른다.

모자, 장갑, 샌들… 다 사려면 데카트론에 가야지! 바욘에서 저렴하게 등산스틱을 구했던 매장이다. 마침 부르고스 시청 앞에서 무료 셔틀버스를 운행하고 있었다. 부르고스 대성당을 보고, 데카트론을 다녀오고, 세면도구가 다 떨어졌으니 마트도 다녀와야 하고, 옷 가게도 한 번 들러야 하고… 바쁜 날이었다. 서둘러야 한다. 가방을 챙기고 숙소를 나섰다.

어젯밤 숙소가 순례길을 벗어난 위치에 있던 탓에, 부르고스 시내까지 무려 5킬로미터가 떨어져 있었다. 걸으면 한 시간이 조금 더 걸리는 거리다. 쉬는 날에 걸을 수는 없었다. 그런데 버스 정류장이 안 보인다?! 터덜터덜 3킬로미터쯤 걸어 겨우 버스 정류장을 찾았다. 무려 삼십 분을 기다렸는데도 버스가 오지 않았다. 땡볕에 녹을 지경이어서 포기하고 그냥 걸어가기로 했다. 5분 정도 걸었을까. 30분을 기다리던 버스가 우리 옆을 쌩하니 지나쳐갔다.
허탈하게 걷다 보니 그늘이 진 버스 정류장이 보였다. 전광판도 있었다.

버스는 10분 뒤 도착. 다 풀린 운동화 끈을 다시 묶고 열기를 식히고 나니 버스가 왔다. 널찍한 의자에 앉아 창밖을 구경하고 있으니 순식간에 부르고스 시내였다. 역시, 문명!

현금을 인출하러 은행을 찾았다. 기계에 카드 먼저 삽입해야 하는 걸 몰라서 잠시 헤맸다. 두둑하게 현금을 채우고, 대성당으로 향했다. 간단히 밥도 먹고, 네카트론에서 모자를 샀다. 샌들과 장갑은 적당한 것이 없었다.

할 일을 다 하고 나서 알베르게에 짐을 풀어놓고 나오는데 약국이 보였다. 약국마다 체중계가 있다는 정보를 막 접한 참이었다.

생장피드포르에서 딱 맞던 바지가 헐렁하기도 하고 살이 좀 빠진 것 같다는 소리를 자주 듣고 있었다. 객관적인 지수를 확인하고 싶은 마음에 약국으로 들어가 동전을 기계에 넣고 올라섰다. 결과는… 실망스럽기 그지없었다. 더 쪘다. 황당하기까지 했다. 근육이 늘어난 건가? 어제 많이 먹어서 그런가? 숫자를 확인하니 급격하게 울적해졌다. 몸무게에 신경을 쓰지 않는다고 큰소리를 쳐놓고 울적해진 내가 엄마는 웃긴 모양이었다.

"신경 안 쓴다며!"
"신경을 안 썼으면 안 쟀지…."

나는 늘 덩치가 컸다. 어릴 때부터 키가 컸고 먹는 걸 좋아했다. 자퇴 이후 급격하게 줄어든 활동량과 늘어난 식사량에 더 덩치가 불었다. 내 다이어트 역사를 이야기하자면 정말 끝이 없다. 글로 옮기면 16권짜리 시리즈가 나올 거다.

그 긴 역사의 시작은 열한 살 때였다. 4학년 때 이미 키가 160센티미터가 넘었다. 골격도 큰 편이었다. 살집도 있던 탓에 통통하다, 덩치 크다, 하는 말을 많이 들었다. 친척도 가끔 날 돼지라고 불렀다. 귀엽다는 의도였겠지만 안 그래도 돼지라는 말에 노이로제가 걸려 있던 나는 그때 첫 다이어트를 시작했다.

1일 1식 다이어트였다. 급식 한 끼만, 그마저도 양을 조절해가며 먹었다. 먹는 양이 적다 보니 10킬로그램이 순식간에 빠졌다. 그때, 허벅지살만 조금 더 빼면 되겠다는 말을 들었다. 아직도 그 말이 생생하다. 그런 말들 때문에 내 몸에 만족을 못 하게 되었다. 엄마가 무섭다고 할 만큼 음식에 예민하게 굴기 시작했다.

그때는 몸무게가 줄어가는 것이 마음에 들었다. 앞자리가 쑥쑥 바뀌었고 선생님과 친구도 알아보기 시작했다. 건강하지 않게, 극단적으로 칼로리를 제한해가며 밥을 먹는 다이어트를 이어갔다. 나는 왜 살을 빼야 한다는 생각에 휩싸여 있었을까? 왜 일상을 제대로 즐기지 못했을까?

다이어트는 끝나지 않았다. 어느 순간 느슨해졌다. 건강하지 못한 방법으로 뺀 살은 금방 붙기 마련이었다. 조금 더 건강한 방법으로 다이어트를 반복했다. 영양소를 잘 갖춰 먹는 대신 양은 조금만, 운동을 열심히! 그렇게 살이 빠지면 풀어져 먹고, 찌면 다이어트를 결심하기를 반복했다. '다이어트'는 언제나 마음을 차지하고 있었다.

가끔은 운이 좋게 살이 훅 빠졌다. 그렇다고 달가운 일상만이 펼쳐지지는 않았다. 욕심은 끝이 없었다. 빼야 할 살이 자꾸 보였고 강박이 생겼다. 7킬로그램을 뺐을 때 누군가가 말했다. "전에는 네 엉덩이를 보면 심란했는데 이제는 안 심란하다." 과거의 내 엉덩이가 어쩌라고? 지금 내 모습을 칭찬한답시고 과거의 모습을 깎아내리는 말은 전혀 도움이 되지 않았다.

오히려 내 '심란한 엉덩이'를 봤을 사람을 생각하니 착잡함이 컸다. 이 착잡함은 또 다른 강박으로 이어졌다. 한동안은 4월까지도 긴 패딩을 악착같이 입고 다녔다. 심란한 엉덩이를 가리기 위해서였다.

시간이 흘러 패딩은 엉덩이 가리개가 아니라 다시 보온용의 옷으로 돌아왔다. 운동도 하고 잘 먹고 있다. 더 빠지지도 찌지도 않는다. 나에게 잘 맞는 몸이지만 습관적으로 나는 내 몸을 살핀다. 내 몸에 당당하고 싶은 내가 있고, 몸에 붙은 모든 살을 다 깎아내고 싶어 하는 내가 있다. 아직도 내 몸은 누군가에게 보통의 몸이고, 누군가에겐 통통하고, 누군가에게는 뚱뚱한 몸일 거다. 사람의 기준은 다 다르니까 말이다. 하지만 적어도 나만큼은 내 몸을 그냥 튼튼하고 건강한 몸이라고 생각하면 좋겠다.

16 온
타
나
스

Hontanas

우리가 걷는 산티아고 순례길 프랑스 길에는 다섯 개의 대도시가 있다. 팜플로나, 로그로뇨, 부르고스, 레온 그리고 도착지인 산티아고 데 콤포스텔라. 도시에 들어오면 길부터가 다르다. 발을 피로하게 만드는 아스팔트가 깔려 있고, 작은 마을에서는 볼 수 없는 마트와 상점도 널려 있다. 순례자들은 대도시에서 필요한 물품을 사고, 병원에 들르는 등 재정비를 한다. 이제 남은 대도시는 레온과 산티아고 데 콤포스텔라. 순례길의 반을 걸었다.

오늘 메세타 평원이 시작되었다. 똑같은 풍경이 반복되는 드넓은 평원. 걷기 지루하고 힘들다는 평가가 많다. 누군가는 구간을 건너뛰기도, 자전거를 타고 가기도 한다는 구간이다. 우리는 걷고 있다.

오늘은 30킬로미터 떨어진 온타나스(Hontanas)까지. 벌써 8월의 첫 주가 지나가고 있었다. 부르고스를 벗어나자마자 양옆으로 샛노란 색이 든 들판이 보였다. 내가 사랑하는 계절, 가을 아침의 풍경 같았다.

10킬로미터를 열심히 걷고 난 뒤 처음으로 바에 앉았다. 낯선 사람들이 가득했다. 대도시를 지나칠 때마다 처음 보는 순례자들이 많아진다. 대도시에서 휴식을 취하고 다시 걷기 시작하는 사람들, 처음 만나 반가운 사람들과 다시 만나 반가운 사람들이 모이게 된다.

　시원한 오렌지주스를 연료 삼아 다시 걷기 시작했다. 10킬로미터에 한 번씩 쉬어야지, 하는 다짐을 하고 건다가 나무 그늘이 있는 쉼터를 발견했다. 그늘 한 점 없는 길에 조금 지치던 참이었다. 시원한 벤치 위에 드러누웠다. 내가 옆길로 빠지는 걸 보고 엄마도 따라 들어왔다.

"길을 잃은 줄 알았어!"
"쉼터 되게 아늑하지?"

　쉼터에는 녹색 물 펌프가 있었다. 엄마는 어릴 적에 이런 펌프를 썼다고 했다. 나는 〈빨강머리 앤〉의 애니메이션 버전에서 이런 펌프를 봤다. 앤은 늘 이렇게 생긴 펌프로 물을 끌어와서 그릇을 씻었다. 나도 힘껏 펌프를 당겨봤다. 흙 섞인 물이 나오다가 시원한 물이 콸콸 나오기 시작했다. 괜히 손을 한 번 씻은 다음 다시 채비했다. 점심을 먹을 마을까지 또 열심히 걸어야 했다.

　순례길에 있는 식당에는 대개 순례자 코스 메뉴가 있다. 10유로 정도의 가격에 코스 요리 두 개를 선택할 수 있다. 코스 구성이 멋진 식당은 디저트와 와인도 제공했다. 이곳은 멋진 집이었다. 디저트와 와인이 나오는 코스 요리 두 개를 시켰다. 나는 첫 번째 코스로 파스타를, 엄마는 샐러드를 골랐다. 두 번째 코스로는 소고기 하나 돼지고기 하나. 맛있게 해치웠다. 술을 좋아하는 우리 엄마는 와인 한 잔을 즐겁게 마셨다. 그런데 잔이 빌

때마다 주인아저씨가 다가와 계속 따라줬다. 또 채워주시네? 엄마는 잔이 찰 때마다 꼬박꼬박 들이켰다. 그렇게 계속 마시고 채우는 걸 반복하다 결국 거나하게 취했다. 비우는 족족 왜 술을 채우냐며, 지금이 대체 몇 시냐며, 12킬로미터가 남았으면 투엔티킬로미터가 남은 거냐며 엄마가 자꾸 물었다. 단단히 취했다. "어휴, 나 못 걸어!"를 계속해서 외치기까지 했다.

"엄마, 걸을 수 있어? 여기서 잘래?"
"안돼, 짐 찾으러 가야 해. 어휴, 나 못 걸어!"

휘청거리는 엄마를 데리고 다시 길을 나섰다. 팜플로나에서 마주쳤던 마사지 청년을 오랜만에 또 만났다. 엄마는 달려갈 듯한 기세로 인사를 건넸다. 조금 당황한 눈치로 인사를 받아주는 마사지 청년을 뒤로하고 다시 걷는데 엄마가 졸았다.

"엄마, 자면서 걸어?"
"어휴, 나 못 걸어… 너 먼저 가…."

엄마가 길바닥에서 뻗어 자는 건 아닐까? 뒤를 돌아가서 확인해보기는 귀찮고, 크게 '김항심!' 하고 소리를 질렀다. 한 5분 지났을까, 엄마가 초롱초롱한 눈으로 다가왔다.

"윤아, 나 방금 앉아서 졸다가 네 목소리 듣고 잠이 확 깨서 걸어왔어."
"술 좀 깼어?"
"아니, 잠만 깼어…."

그래도 그럭저럭 엄마는 잘 걸었다. 메세타 평원이라고 불려서 평지일 줄로만 알았는데, 생각보다 오르막 내리막이 심했다. 오늘 목적지인 온타나스와 아로요 산 볼(Arroyo San Bol)로 향하는 갈림길 앞에 섰다. 아로요 산 볼은 온타나스로 가는 길에서 벗어나 있는 마을이었다. 그래서 굳이 안 들르고 바로 넘어갈 생각이었는데 하필이면 물이 똑 떨어졌다. 1시간은 족히 더 걸어야 할 텐데, 오늘은 햇볕이 너무나 강렬했다. 엄마도 말은 안 했지만 목이 탈 거였다. 물이 필요했다.

순전히 물을 구하기 위해 아로요 산 볼 마을까지 다녀오기로 했다. 아직 술기운, 잠기운에 시달리는 엄마는 앉혀뒀다. 지도상 2킬로미터는 되어 보였는데 걷다 보니 3분 만에 도착했다.

별생각 없이 오게 된 마을 아로요 산 볼은 정말 신비로웠다. 마을에는 알베르게가 하나밖에 없었다. 알베르게가 곧 마을이었다. 원목으로 지어진 알베르게 뒤에는 드높은 나무들이 휘적휘적 서 있고, 순례자들은 나무 아래의 냇가에 발을 담그고 여유로운 시간을 보내고 있었다. 이 마을, 정말 사랑할 만하다! 그런데 오늘은 온타나스로 짐을 보내뒀기에 무조건 가야만 했다. 동키를 보낼 때의 단점이 이거다. 가는 길에 마음에 쏙 드는 마을을 만나도 짐을 풀 수가 없었다. 짐이 다른 곳에 가 있으니까.

엄마는 땅에 드러누워서 자고 있었다. 엄마를 깨워 물을 건넸다. 조금만 더 걸으면 우리의 목적지였다! 온타나스까지 딱 1.5킬로미터 남았다는 표지판이 보였다. 그런데 건물이 아직 한 채도 보이지 않았다. 좀 더 가면 보일까? 마을 근처에 오기는 했는지, 보이는 표지판과 각종 알베르게, 식당을 홍보하는 광고가 늘고 있었다. 100미터만 더 가면 된다는데, 온타나스는 아직 코빼기도 보이지 않는다. 뭐야? 마을이 신기루야? 무슨 마법 걸렸어? 조금도 보이지 않던 온타나스, 10미터를 남겨놓고서야 드디어 모습을 드러냈다. 마을이 요새처럼 내리막에 있었다. 경사가 심한 계단을 한 발 한 발 내려가니 그 앞이 바로 우리가 묵을 알베르게였다. 들어가자마자 2리터짜리 물을 사서 바로 들이켰다. 오늘의 길, 정말 덥고 길었다.

마지막으로 도착한 덕분에 6인실 방을 독차지했다. 비닐도 안 뜯은 새 원목 침대였다. 정말 쾌적했다. 방에는 화장실도 딸려 있었다. 개인 호텔방 수준이었다. 뜻밖의 행운에 기분 좋게 짐을 풀었다.

나는 1층, 엄마는 2층 침대에 자리를 잡고 누웠다. 엄마는 순례길 내내 1층 자리를 고수해왔다. 그러다가 한 번 자리를 바꾸어 자고 난 이후로 2층과 사랑에 빠졌다. 천장이 답답하게 옥죄지 않아서 좋단다. 나는 2층까지 올라가는 게 불편하고 움직일 때마다 생기는 소음이 신경 쓰여서 싫었는데. 이제야 우리에게 꼭 맞는 자리를 찾았다. 나는 조용하고 안전한 1층, 엄마는 뻥 뚫린 2층!

몸이 너무 피곤했다. 설상가상, 며칠 잠잠하다 싶었던 물집이 다시 올라오기 시작했다. 이럴 때 무조건 충분히 자고 쉬어야 한다. 또, 우리에겐 빨래도 밀려 있었다. 이틀 정도 빨래를 걸렀더니 입을 옷이 떨어졌다. 당초 계획대로 내일 29킬로미터를 걷는다면 오늘처럼 늦은 저녁에 도착할 것이 뻔했다. 건조기가 없을 경우를 대비해 빨래 말릴 수 있는 시간을 확보해야 했다. 그런 이유로, 내일은 이테로 데 라 베가(Itero de la Vega)까지 딱 20킬로미터만!

오늘의 길

줄어든 숫자

17

비
얄
카
사
르

데

시
르
가

Villalcazar de Sirga

"아구아, 그란데, 우나, 뽈 빠보르!"

생존 스페인어가 늘었다. '아구아'는 물, '그란데'는 큰 거란 뜻이다. 반드시 크기를 가늠해 보이는 제스처와 함께 말해야 한다. 그래야 의사소통이 조금 더 원활하다. 우나는 숫자 1, 뽈 빠보르는 부탁해요, 를 뜻한다.

'올라'만 알다가, 이젠 스페인어로 숫자를 '4'까지 셀 수 있게 되었다. 우나, 도스, 뜨레스, 콰트로!

오늘은 패션이 화려했다. 어제 널어둔 빨래 중 마른 옷들만 주워 입었더니 이랬다. 얼룩무늬 냉장고 바지, 아빠한테 빌려온 노란 등산복, 양말은 분홍색 등산용, 햇빛에 말리느라 가방에 걸어둔 수건은 파란색. 하늘에도 색이 가득했다. 어제저녁, 추적추적 내렸던 비가 그치고 무지개가 떴다.

엄마는 들꽃들이 눈에 들어온다며 하나하나 사진으로 찍었다. 〈리듬 속의 그 춤을〉을 배경 음악으로 틀었다. 등 뒤에는 태양이 뜨고 있었고 눈에는 무지개가 담겼다. 걷다 보니 저절로 행복이 솟아났다.

지금까지는 "윤아, 순례길 다시 오라 하면 올래?" 하고 사람들이 물을 때마다 "아, 여기 너무 좋은데요… 다시 오지는 않을래요." 하고 대답했었다. 지금 기분으로는 백 번도 더 오겠다고 할 것 같았다.

무지개가 뜬 길은 운하를 따라 걷는 길로 이어졌다. 엄마는 운하를 마음에 들어 했다. 운하의 이름까지 본인이 알아냈다. 까스티야 운하. 엄마는 이 운하가 그렇게 예뻤고, 걸어온 길 중에서 최고였다는데 난 그렇지는 않았다. 물이 흐르는구나… 정도의 감상이었다. 같은 길을 걸었어도 우리의 감성은 확연히 차이가 났다.

엄마는 기분이 좋은지 속도를 내기 시작했다. 나는 천천히 걸었다. 길에 아무도 없어서 목청 높여가며 노래를 부르는데 뒤에서 불도저 아저씨가 불쑥 나왔다.

"윤이 안녕!"

깜짝 놀랐다. 이 발 빠른 아저씨는 한동안 안 보이다가도 불쑥불쑥 뒤에서 나타나고는 했다.

운하의 끝엔 예루살렘, 산티아고 데 콤포스텔라 등 가톨릭 성지까지의 거리를 표시한 표지판이 있었다. 예루살렘까지는 4478킬로미터, 산티아고 데 콤포스텔라까지는 424킬로미터. 앞자리가 어느새 4로 변했다. 금세 내려앉는 숫자들에 매일매일 감탄했다. 그래도 아직까진 좀 남았구나 싶어지는 숫자였다.

오늘 마을에는 단 두 개의 알베르게가 있었다. 사립과 기부형. 왜인지 모르게, 기부형 알베르게는 시설이 좋지 않을 것 같다는 선입견이 있었다. 그런데 오늘은 마을 초입에 있는 기부형 알베르게에서 하룻밤 묵기로 했다. 큰 기대 없이 들어선 곳은 상상 이상으로 좋았다. 호스피탈레로가 우리를 진심으로 환대하는 것이 느껴졌다. 그는 내 여권을 보고 놀란 눈을 했다.

"이곳에서 묵었던 사람 중에 가장 어린 사람이네요!"

이렇게 많은 것을 제공하는 알베르게는 처음이었다. 화장실에는 샴푸와 바디워시가, 냉장고는 프리푸드로 가득 찼다. 오일, 소금, 후추 같은 조미료는 물론 파스타 소스, 면, 우유, 빵, 잼, 코코아, 커피, 다른 순례자들이 기부하고 간 채소들, 심지어 어느 한국인이 남겨놓고 갔다는 김가루까지.

"전부 무료고, 원한다면 기부를 해주면 돼요."

호스피탈레로가 다정하게 말했다.

점심을 배부르게 먹어서 저녁은 건너뛸 참이었는데 이 엄청난 부엌을 보고 나니 밥을 안 먹을 수가 없었다. 채소 바구니에서 감자 몇 알이 눈에 들어왔다. 감자채를 썰고 냄비에 물을 올렸다. 대책 없이 물부터 올렸더니 할 수 있는 것이 적었다. 파스타 면을 삶아 볼까?

"엄마 근데, 파스타랑 감자채랑 잘 어울릴까?"
"몰라, 일단 해봐."

볶기가 귀찮아서, 감자채를 썬 것에 물을 자작하게 붓고 익을 때까지 끓였더니 그냥 삶은 감자가 됐다. 이건 감자채볶음이 아니라 감자채 삶음인데⋯ 나조차도 이 요리의 정체가 헷갈렸다. 익은 면과 감자에 토마토소스를 부어 파스타를 만들었다. 그사이에 부엌은 배고픈 사람들로 가득 찼다.

맛이 없을 것 같아 혼자 얼른 먹을 생각이었는데, 엄마가 나눠 먹자며 사람들을 불러 모았다. 한국 퓨전 파스타라고 소개하려다가 한식이 이렇게 맛없는 거라고 오해할까 봐 그냥 파스타라고 말했다. 며칠 전부터 마주쳤던 미국에서 왔다는 순례자가 제일 먼저 담아갔다. "감자와 파스타, 낯설지만 안 될 건 없지!" 스페인 순례자도, 프랑스 순례자 미카엘도 맛있게 먹어줬다. 엄마는 답례로 와인 한 잔을 받았다. 고맙게도 접시를 열심히 비워주는 사람들 덕분에 이 괴상한 감자채 파스타를 즐겁게 해치웠다. 다행스럽게도 맛이 나쁘지는 않았다.

이곳은 기계에 동전을 넣어야 온수가 나오는 시스템이었다. 1유로 동전을 준비했는데 기계를 찾을 수가 없었다. 샤워실 내부를 아무리 살펴봐도 보이지 않았다. 동전이 들어갈 것 같은 모든 틈새에 동전을 밀어 넣어봐도 따뜻한 물은 나오지 않았다. 어쩔 수 없이 찬물로 씻었다. 나 얼겠다! 벌벌 떨며 빠르게 샤워를 끝냈다. 이가 달달 떨렸다. 샤워실을 나오자마자 온수 기계가 보였다. 부엌 옆에 놓여있는 기계⋯.

그동안 하늘에는 먹구름이 끼었다. 먹구름 탓인지 찬물로 샤워를 한 탓인지 조금 쌀쌀했다. 양말을 신고 침낭으로 몸을 잘 감싸고 잠자리에 들었다.

오늘의 화려한 패션

18

칼
사
디
야
데
라
쿠
에
사

Calzadilla de la Cueza

어제에 이어 오늘도 무지개가 떴다. 알베르게가 제공하는 빵과 코코아
로 든든하게 아침을 먹었다. 나오는 길에 기부금도 냈다. 산티아고까지
463킬로미터 남았다는 표지판이 눈에 띄었다. 첫 마을에 금방 도착했다.
여기서부터 17킬로미터의 허허벌판을 걷는 일정이었다. 만반의 준비를 하
려고 마트에 들렀다. 과일과 과자를 사고 카페에서 몸을 데워줄 음료를 한
잔씩 마셨다. 엄마는 커피, 나는 코코아!

쌀쌀하고 바람이 많이 부는 날씨, 심지어 비까지 몇 방울 떨어졌다. 우비
를 꺼내 입었다. 우비는 생각보다 보온 기능에 충실했다. 1, 2차선 도로의
갓길을 따라 계속 걸었다. 추운 날씨에 잔뜩 옹크리고 앉아 글을 쓰던 엄마
가 내게 손을 흔들었다. 옆에 앉아 감자칩을 먹었다. 조금 전까지 쌀쌀하던
날씨는 준비운동이었다는 듯 거센 바람이 휘몰아치기 시작했다.

몸을 가누기 어려울 정도의 바람이었다. 스틱을 땅에 꽂아가며 중심을 가까스로 잡으며 걸었다. 바람이 불다가, 잠시 멈췄다가, 또다시 불었다. 가는 길에 유일하게 있다는 바(그곳의 이름도 '오아시스'였다)가 얼른 나오기를 기대하며 발을 재촉했다. 저 건물인가 보다, 하고 신나서 달려갔는데 그냥 폐가였다. 이 건물인가, 싶어 가봐도 아니었다. 이어지는 실망에 그저 선다 보니 어느 순간 드디어 오아시스가 나왔다. 건물이 아닌 푸드트럭이 나무로 가려진 공간 사이에 자리 잡고 있었다. 엄마와 오렌지 몇 개를 더 까먹고 서둘러 나섰다. 갈 길이 멀었다!

바를 나오자마자 바람이 더더욱 심해졌다. 눈을 뜨고 있기도 어려운 강풍이 불었다. 제대로 몸을 가누지도 못하는 상황인데 이상하게도 웃겼다. 벨로라도의 무더위 속에서 혼자 행복했듯이 지금의 강풍이 즐거웠다. 이어폰을 꽂고 노래를 틀었다. 바람 소리에 묻혀 노래가 들리지 않았다. 그 자체가 재미있었다. 싱글벙글 웃으며 걷는데 앗, 화장실이 급했다.

평소에는 마시는 족족 땀과 눈물로 배출이 됐다. 그런데 오늘은 땀이 나기도 전에 바람이 땀을 말려 버려서 수분이 나올 구석이 필요한 것 같았다.

어떡해! 주변은 허허벌판이었다. 그나마 오른쪽엔 가느다란 나무들이 줄지어 있고 왼쪽에는 시력만 좋다면 저 멀리서도 내 엉덩이를 볼 수 있을 만한, 정말 탁 트인 벌판뿐이었다.

내 선택은! 가느다란 나무였다. 급했다. 가방을 벗어 던져두고 나무 뒤에 후다닥 바지를 내리고 앉았다. 개운한 마음으로 일어서는데 저 멀리서 엄마가 허리를 꺾어가며 다가왔다.

"너 엉덩이가 하얀 달덩이 같아! 저 멀리서 다 보여!"

엄마한테 일 년 치 웃음을 선사했다. 애 가방은 거북이 등딱지처럼 뒤집혀 있고 애는 안 보이고, 뭔가 해서 좀 더 자세히 보니 하얀 엉덩이만 둥둥 떠 있는 게 너무 웃겼단다.

같이 허리를 꺾어가며 웃었다. 웃음을 충전하고 다시 힘겨운 걸음을 뗐다.

엄마가 바람에 휘날려 갈 것만 같았다. 나는 기분 좋게 걷는데 엄마는 힘에 부쳐 보였다. 엄마가 좋아하는 스타이즈본의 노래를 틀어 이어폰을 양 귀에 꽂아주고 힘내라고 등도 밀어줬다.

나는 노래를 듣는 대신 불렀다. 최근 나온 댄스곡, 발라드, 디즈니 영화의 주제곡… 다양하게 바꿔 부르면서 걸었다. 머리에는 긍정적인 생각이 가득했다. 이 길도 곧 끝이 나겠지. 지금은 힘이 들어도 10분 뒤의 나는 침대에 편안히 누워 이 순간을 회상하고 있으리란 걸 알았다.

마치 온타나스처럼 마을을 향해 내리막이 이어졌다. 바로 코앞에서도 마을이 보이지 않았다. 마을을 이렇게 조성하는 게 지역 유행이었나?

드디어 험난했던 바람길도 끝이 났다. 다음 마을까지 가려던 계획을 취소했다. 오늘은 이곳에서 잔다! 먼저 도착한 김씨 아저씨가 우릴 반겨줬다. 아저씨의 추천대로 공립 알베르게에 자리를 잡고 함께 저녁을 먹기로 했다. 대만에서 왔다는 순례자, 찔까지 합류했다.

애피타이저로 나온 라따뚜이를 먼저 먹었다. 갖가지 채소와 토마토소스, 튀기듯 구운 달걀프라이까지. 잘 어울리는 조합이었다. 애피타이저를 다 먹고 나니 때맞춰 메인 요리가 나왔다.

대만판 〈장난스러운 키스〉를 봤다는 이야기, 한국에 꼭 와보고 싶다는 이야기, 까미노를 걷게 된 이야기. 찔과 갖가지 즐거운 이야기를 나누며 식사 시간을 채웠다. 알베르게로 돌아와 침대에 누웠다. 창문 밖에서 노랫소리가 흥얼흥얼 울려 퍼졌다.

내려다보니 누군가는 기타를 치고 누군가는 그 옆에서 잔잔히 노래를 부르고 있었다. 2층 창가에 기대앉아 지켜보고 있으니 노래를 부르던 여자가 내려오라며 손짓했다. 내려갔다. 그들의 옆에서 호응하며 노래를 감상했다. 처음 들어본 노래여도 같이 부르고 즐길 수 있었다. 사람들의 웃음소리, 기타 소리, 서툰 노래까지도… 뜬 달이 크게 빛나는 지금, 지금의 분위기가 좋았다.

낭만적인 밤이었다. 마음 같아서는 이 작은 연주회에 끝까지 머무르고 싶었는데 나의 공립 알베르게는 10시에 문을 닫았다. 바로 옆에 붙은 사립 알베르게는 문을 닫는 시간이 없었다. 마치 로미오와 줄리엣처럼 엇갈린 운명… 그날 우리에겐 통금 시간이 너무 일렀다.

오아시스 광고, 광고만 보이고 바는 나타나지 않았다

19 칼
사
다
델
코
토

Calzada del Coto

말이 씨가 된다더니!

"그래도 우리 신기하게 물집은 안 잡힌다, 그렇지?" 했던 바로 다음 날, 물집이 잡혔다. 이번에도 마찬가지, "베드버그는 안 물린다, 그렇지?" 하고 난 뒤 몸에 베드버그가 쭐쭐 따라 문 자국이 생겼다.

우리 그래도 발톱은 안 뽑혔다, 그렇지? 이런 말은 하지 말아야겠다. 그 말 했다가 무슨 일이 생길 줄 알고! 다행히 베드버그에 물린 곳이 가렵지는 않다. 오늘은 도착해서 베드버그 퇴치를 위한 대대적인 소독을 하기로 했다. 오늘의 목적지는 '칼사다 델 코토(Calzada del Coto)'다.

"네가 베드버그랑 맞짱 떠서 이긴 거야. 너 몸이 워낙 튼튼하잖아, 베드버그도 네 몸에서는 가렵게 못 하는 거지."
"그런가?"

엄마와 즐겁게 이야기하며 걸었다. 어제 바람이 휘몰아치던 들판을 걸으며 했던 생각을 말해줬다. 분명 가볍게 떠다니던 생각이었는데, 엄마에게 전하기 위한 말로 옮겼더니 달라 보였다.

"엄마, 어제 내가 무슨 생각 하면서 걸었는지 알아? 이 길도 끝난다. 이러면서 걸었어. 그러니까 견뎌지더라고. 어제 바람 맞고 걸었더니 오늘은 너무 행복한 걸. 마음먹기에 따라 다른 거 같아. 오늘을 행복하게 걸었는데 다른 사람들은 순례의 처음부터 이런 마음으로 걸었겠구나 싶으니까 너무 아쉬운 거 있지. 진작 이런 마음으로 걸을 걸 말이야."

순례길의 정확한 절반 지점이라는 사하군(Sahagun)이었다. 오늘은 제대로 된 점심을 먹자! 설레는 마음으로 식당을 찾았는데, 세상에, 이 식당이고 저 식당이고 사람들이 꽉 찼다. "1시간은 기다려야 해!" 이 사람들이 다 어디서 나온 건지. 기다림을 싫어하는 우리는 한참을 돌아다니다가 결국 식사를 포기하고 마을 쉼터에 앉았다.

"배고픈데 오늘 이곳에서 멈출까?"

하지만 우리는 내일모레 레온으로 들어간다. 대도시에서 걷는 건 평소보다 두 배는 힘들다는 사실을 배웠다. 그러니 대도시로 들어가는 날은 걷는 거리를 최대한 줄이는 게 좋다. 그러려면 오늘 한 마을이라도 더 가야 했다. 어쩔 수 없다. 결국은 식사를 못한 채로 2시간 만에 사하군을 떠났다.

걷다보니 목적지였다. 차 한 대가 마을 초입에 들어서는 우리를 보고 멈췄다. 차에 탄 할아버지가 말을 걸었다. 알베르게, 코레아 같은 스페인어 몇 개만 알아들을 수 있었다. 엄마는 신기하게 다 이해한 듯이 오케이! 를 외쳤다. 차가 사라지고 난 뒤 대체 어떻게 대화가 된 거냐고 물으니 엄마가 줄줄 읊었다.

"자, 그 할아버지가 이렇게 얘기했어. 나 알베르게 호스피탈레로인데 너희 일베르게 가지? 오케이. 나 지금 볼일 보러 나가거든? 3분이면 돼. 가서 기다리고 있어. 너희 코리안들 맞지? 예스. 우리 알베르게에 다른 한국인들도 들어와 있어. 가방 들고 가서 먼저 기다리고 있어!"

어떻게 알아들은 거야? 심지어 엄마의 해석이 딱 들어맞는 것 같았다. 엄마 천재야? 마구 웃으며 알베르게로 갔다.

할아버지 말대로 먼저 들어가 짐을 놓고 샤워도 했다. 엄마 말마따나 할아버지는 금방 돌아왔다. 체크인하고 김 씨 아저씨와 찔과 함께 동네의 작은 식당에서 저녁 식사를 했다. 그런데 어머나, 알베르게에 푸짐한 저녁상이 차려져 있었다. 저녁을 준비해주는 줄은 몰랐다. 하나하나 정성이 가득한 음식들로 상이 차려져 있어 부른 배가 원망스럽기까지 했다.

어제 길을 걷다 표지판에서 본 글이 있다. 노 호모섹슈얼리티, 노 페미니즘, 노 비거니즘을 외치는 글이었다. 또다시 그 문구와 마주쳤다. 문장 하나하나가 다 똑같았다. 다만 오늘은 '노' 글자에 다 X자가 그려져 있었다. 지나가던 한 사람이 'NO'를 세심하게 지워놓은 거다.

[NO FEMINISM]
[FEMINISM IS CANCER]

누군가가 이 문구를 순례길의 끝까지 정말 아득바득 적어뒀다. 매일같이 이 문구를 볼 때마다 가슴이 답답했다. 이렇게 끊임없이 혐오를 표출하는 사람은 대체 어떤 생각을 하는 사람일까? 종종 이 문구 위에 'YES FEMINISM' 등으로 덧칠을 해두거나 'CANCER'를 긍정적인 단어로 바꿔둔 흔적도 만났다. 엄마와 은영 언니는 함께 고심해 더블유를 덧붙이는 방법을 생각해냈다. 그래서 'NO FEMINISM'은 'NOW FEMINISM'이 되는 거다. 이렇게 혐오와 싸우는 사람들의 흔적을 볼 때면 그래도 조금은 더 힘이 나곤 했다.

지금까지는 너무 당연했던 것을 당연하지 않게 바꾸는 데는 큰 노력이 필요하다. 일상에서 사람들의 자각과 동참이 필요하다. 사회가 지어 놓은 한계에 갇혀 살 수밖에 없었던 사람들을 위해서, 현재의 싸우는 사람들을 위해 미래의 사람들을 위해 우리는 바뀌어야 한다. 'NO'를 'NOW'로 바꿨듯, 조금씩 지우고 바꿔나가는 거다. 일상 속의 하나하나, 작은 말과 행동부터 고쳐나가다 보면, 개인은 단체를, 단체는 사회를 사회는 전체를 바꾸게 될 것이다. 나는 그렇게 차츰차츰 바뀔 세상을 기다리고 있다.

알베르게의 안내문

만시야 데 라스 물라스

Mansilla de las Mulas

마을을 떠나자마자 선택의 기로 앞에 놓였다. 왼쪽은 우리가 지금까지 쭉 걸어온 프랑스 길로, 오른쪽 길은 로마 시대에 만들어진 로마 길로 이어 졌다. 프랑스 길은 다른 마을을 거쳐 가지만 로마 길은 중간에 쉴 수 있는 마을이 없었다. 마을이 있는 길과 없는 길, 익숙한 길과 낯선 길. 그 사이에 서 한참을 고민하다 결국 세상에서 제일 공평한 방법으로 정했다.

"엄마가 이기면 로마 길로 가고 내가 이기면 프랑스 길로 가는 거야. 가 위바위보!"

내가 이겼다. 나는 내심 아쉬움이 남는데 엄마는 망설임도 없이 프랑스 길로 발을 내디뎠다. 그래도 방향을 잡고 난 뒤로는 다시 충실한 걷기가 시 작되었다. 엄마는 오늘 길동무가 생겼다. 며칠 전 칼사디야 데 라 쿠에사의 식당에서 잠시 대화를 나눴던 친절 언니다.

둘의 즐거운 대화 소리를 엿들으며 마을에 들어섰다. 여기 맛있는 라면과 햇반을 파는 가게가 있다는 말을 들었다. 반드시 먹어야겠는데! 그런데 하필 일요일이었다. 더군다나 오전 11시도 되지 않은 이른 시간이라 아직 문을 안 열었으면 어쩌나, 걱정하며 왔다. 제발 열어라, 제발 팔아라… 다행히 가게는 열려 있었다. 라면 세 개, 햇반 세 개를 시켰다. 엄마는 메뉴판을 정독하더니 라면 말고 스페인의 전통 음식을 먹어보고 싶다며 아쉬움을 드러냈다.

예쁜 접시에 라면이 담겨 나왔다. 특이하게 으깬 삶은 달걀이 들어 있었다. 라면 국물과 정말 잘 어우러졌다. 고소하기까지 했다. 밥까지 말아 먹고 나니 연료통 충전 완료! 엄마도 접시를 싹싹 비웠다. 아까의 아쉬움은 사라졌단다.

친절 언니는 우리보다 조금 더 걸어갈 예정이었다. 만시야 데 라스 물라스(Mansilla de las Mulas)까지. 우리도 그만큼 가볼까? 힘을 내면 가능할 것도 같았다. 일단 걸으며 결정하기로 했다. 짐을 들고 온 날이라 마음만 먹으면 어느 마을에서나 묵을 수 있었다.

앞서가는 친절 언니의 뒷모습이 면봉 사이즈로 보일 정도의 거리를 유지하며 걸었다. 언니는 쉬지 않았다. 빠르기까지 했다. 나도 라면을 든든하게 먹었더니 체력이 남아도는 참이었다. 원래 사람이 힘이 넘쳐나면 쓸데없는 짓을 조금 하는 법. 언니가 쉴 때까지 따라가 보자. 승부욕을 불태우며 걸었더니 앗, 엄마랑 거리가 너무 벌어졌다.

엄마는 한참 뒤처졌고 친절 언니는 여전히 빨리 걸어가고. 나도 내가 내는 속도에 지쳐가고 있었다. 종아리에 쥐 나기 전에 때마침 갈림길이 나왔다. 이런 곳에서 엄마가 헤매면 안 되니까. 우리 엄마가 다른 길로 새지 않게 잘 알려줘야지! 혼자만의 내기를 그만두고 앉았다.

엄마가 생각보다 늦었다. 엄마가 길을 잃지는 않을까? 이렇게 괜한 걱정을 하지 않아도 잘 오려나?

그래도 이미 시작된 걱정의 뿌리는 뽑을 수 없었다. 체리를 먹는 한 아저씨가 눈에 들어왔다. 익숙한데! 벨로라도의 초입에서 만났던 오닐 아저씨였다. 그때 아저씨에게 엄마한테 메시지를 전달해달라고 부탁했었다. 두 번이나 같은 사람에게 같은 부탁을 하게 되다니! 멋쩍게 웃었다.

"하이, 혹시 우리 엄마 기억해요?"
"당연히 기억하죠."
"여기서 쭉 직진해서 오라고 전해줄 수 있을까요? 정말 고마워요!"
"그럼요, 걱정하지 말고 가요!"

고맙단 인사를 남기고 홀가분한 마음으로 다시 걷기 시작했다. 걷기 좋은 날씨에 탄력이 붙었다. 13킬로미터를 순식간에 건너뛰었다. 마을 초입의 바에 앉아 시간을 보냈다. 뭘 먹을까 고민하다 오렌지주스 한 잔을 시켰다.

무지막지하게 비쌌다. 물가가 올랐나? 그런데 오렌지주스를 만드는 과정을 보니 제법 합리적인 가격이었다. 들어가는 오렌지 개수부터 달랐다. 그만큼 달콤했다. 시원한 주스를 마시며 한참 쉬었는데도 엄마가 오지 않았다. 무슨 일이 생긴 건 아닐까? 마을로 들어오는 순례자들을 붙잡고 물었다.

"안녕하세요, 혹시 파란 배낭 멘 여자 못 봤나요? 우리 엄만데. 너무 안 와서 걱정돼요."

"오면서 봤어요! 곧 올 거예요."

여러 사람의 목격담을 믿고 기다리고 있으니 엄마가 저 멀리서 휘청휘청 걸어왔다. 바에 앉아있던 사람들이 엄마를 보자 같이 손뼉을 쳐 줬다. 웃음이 터졌다.

"엄마, 여기서 쉴까, 다음까지 갈까?"

"전진!"

다시 출발! 만시야 데 라스 물라스까지 약 7킬로미터. 내가 좋아하는 노래, 최근 나온 영화 이야기를 하며 걸으니 금방이었다.

알베르게가 고민될 때는 무난한 공립을 선택하고는 했다. 갑자기 행선지를 바꾼 오늘도 공립 알베르게로 향했다. 그렇게 순례길 최악의 숙소를 만났다. 올라가는 나무 계단부터 기울어져 있었다. 침대에는 때가 끼었고 정체를 알 수 없는 부스러기가 가득했다. 온수도 안 나오고 심지어 문도 없었다. 실루엣이 다 보이는 커튼 하나가 전부였다. 하루의 피로를 풀 수 있는 숙소는 우리에게 아주 중요했다. 지금까지 좋은 숙소에서 묵어온 것도 행운이었음을 깨달았다.

스페인 오후의 날씨는 제법 추웠다. 쌀쌀한 날에 냉수로 샤워하자니 눈물이 날 정도였다. 내가 고생을 덜 했구나. 냉수 하나에 나약해지다니! 오들오들 떨면서 샤워를 마쳤는데 하필 수건도 안 가져왔다. 머리 물기를 열심히 짜내고 젖은 몸에 그대로 옷을 입었다.

저녁만큼은 따뜻한 음식을 먹고 싶었다. 오늘의 메뉴는 백숙. 마트에서 냉동 닭 다리 두 개를 아주 저렴한 가격에 팔았다. 같이 산 마늘과 양파, 쌀을 넣고 푹 끓였다. 뜨거운 국물을 먹으니 기분이 좀 나아졌다. 옆에서 파스타를 해 먹는 무리에게 닭 다리 하나를 덜어주고 노곤한 몸으로 잠자리에 들었다. 더러운 매트리스가 자꾸 신경 쓰였다. 나는 위생에 둔감한 편이라고 생각했는데 아니었나 보다. 침낭을 보호막 삼아 둘둘 싸맸다.

갈림길에서

라면 파는 가게

삶은 달걀이 들어간 라면

21 레온

Leon

날씨가 계속 쌀쌀했다. 아침에 물병에 채운 차가운 물이 오후까지도 차가웠다. 순례길 초반의 오후 2시와는 달랐다. 그때는 차가웠던 얼음물도 한 번 끓어오른 듯이 뜨거웠다. 그 덥던 여름이 어디로 갔을까?

우리가 순례길에 오르기 직전, 유럽에는 때 이른 폭염이 닥쳤다. 매일 기온이 40도에 육박하고 있다는 소식에 얇은 반소매 옷들만 챙겼다. 그런데 날이 이렇게 추워질 줄이야! 유럽 날씨가 변덕이 심하다는 사실을 뒤늦게 알았다. 해도 뜨지 않은 아침은 더 추웠다. 얇은 바람막이에 의지해 걸었다. 체온이라도 나누면 조금 더 따뜻해질까 싶어 엄마 손을 꼭 부여잡았다.

해가 뜨기 시작할 때쯤 낯익은 사람들이 보였다. '사하군'에서 술에 취해 뻗었다는 소식을 마지막으로 못 만났던 군청 아저씨, 오늘은 흥에 취해 나타나셨다. 군청 아저씨와 함께 걸어온 김 씨 아저씨, 어제 숙소에서 오랜만에 마주쳤던 은영 언니도 보였다. 엄마는 오늘도 길동무가 생겼다. 두 번째 까미노를 걷고 있다는 순례자와 즐거운 이야기를 나누며 빠르게 걸어갔다.

나는 군청 아저씨의 속도가 맞았다. 아저씨와 쌓인 이야기를 나눴다. 아저씨는 피레네산맥에서 주웠다는 나무를 다듬어 지팡이로 쓰고 있었다. 마지막 날, 산티아고 데 콤포스텔라에서 지팡이를 보내줄 계획이란다.

"그런데요, 아저씨, 지팡이가 원래 이 정도로 짧았나요?"

"아니… 그러게, 좀 줄었지? 닳나 봐."

"분명 지팡이가 아저씨 키만큼 길었는데 신기하네요."

"산티아고 도착하면 다 닳아서 사라져버리는 거 아닌지 몰라. 하하."

건물이 보이기 시작했다. 레온(Leon)이었다.

순례길에서 대도시는 매번 하나의 기점이 되어 주었다. 마음과 몸을 점검하고 재정비할 수 있는 곳. 그리고 나에게는… 고통의 기점이기도 했다.

팜플로나에서는 난생처음 겪는 근육통과 무더위에 힘겨웠다. 팜플렛인지 팜플로나인지, 이름도 헷갈리는 도시가 밉기만 했다. 로그로뇨에서는 딱 한 시간 머물렀다. 그 유명하다던 양송이 타파스도 못 먹고, 처음으로 물집이 잡힌 발로 걸었던 날이었다. 부르고스에서의 시간은 쏜살같이 흘러갔다. 이틀이나 지냈는데도 별 기억이 남아 있지 않다. 오늘 레온, 그리고 다음에 들어설 대도시 산티아고 데 콤포스텔라. 지금까지의 길을 제대로 기념해본 적도 없는 것 같은데 벌써 순례길의 끝에 가까워지고 있었다. 얼른 끝나버렸으면 좋겠다는 마음이 반, 아쉬운 마음이 반이었다.

대도시라 그런지 알베르게며 호스텔이며 숙소가 어찌나 많던지. 고민 중에 군청 아저씨가 숙소 하나를 알려줬다. 우리보다 하루 먼저 도착한 불도저 아저씨의 추천도 받았다. 그렇게 향한 숙소는 호텔과 알베르게를 함께 운영하는 곳이었다. 내부 시설이 아주 깔끔했다. 나와 엄마, 군청 아저씨까지 셋이 하나의 방에 배정받았다. 짐을 풀고 있는데 알록달록 장식된 가방을 들고 한 남자가 들어왔다. 한국에서 영어 교사로 일한 적이 있다는 미국인 순례자였다.

군청 아저씨의 친화력으로 넷이 금세 친해졌다. 샤워를 끝마치자 배가 고파왔다. 오늘은 프랜차이즈 중국식 뷔페인 웍에 가기로 했다. 우리가 지나온 대도시마다 웍의 체인점이 하나씩 있었는데 레온 지점이 가장 맛있다는 말에 지금까지 꾹 참아왔다. 가지각색 양념으로 볶은 밥을 먹을 생각에 설레고, 매운 음식을 먹을 생각에 신났다. 레온의 웍이 유명한 이유가 있었다. 즉석에서 고기와 해산물을 활활 익혀 내주고, 볶음밥이며 짭짤하고 매콤한 반찬들이 가득했다. 디저트까지 잘 먹고 나와 약국에 들렀다.

하필 일요일이어서, 약국도 없는 작은 마을들만 지나쳐 와서, 약국 문 닫는 시간보다 늦어서… 베드버그에 물렸을 때 필요한 알레르기 약을 못 먹고 있었다. 드디어 분홍색 연고와 먹는 약을 구매했다. 대도시에 오면 빠질 수 없는 라면 투어도 있다. 군청 아저씨와 아시안 마트에 가서 라면과 새우깡을 집어왔다. 숙소에 돌아오자마자 피곤해 뻗어버렸다. 엄마와 군청 아저씨는 맥주를 마시러 나갔다. 맥주 다섯 잔에 무료 안주로 나오는 치킨 닭다리까지 먹었단다. 그렇게 대도시 레온에서의 밤이 흘러갔다.

22

산
마
르
틴
델
까
미
노

San Martin del Camino

스페인 날씨는 줏대가 없었다. 하루 사이에 날씨가 이토록 더워질 줄이야! 어제 피로에 지쳐 옷을 못 샀는데 다행이었다.

무릎과 발목이 비상을 외쳤다. 내딛는 걸음마다 시큰시큰 아팠다. 통증 탓에 걷는 속도도 느려지고 부정적인 생각만 들었다. 미래의 나를 상상했다. 무릎 통증에 고생하고 있으면 어떡하지? 관절 건강을 소중히 생각하지 않은 지금의 나를 원망하지는 않을까?

작고 큰 마을들이 이어졌다. 마을을 구분 짓는 경계도 흐릿했다. 아스팔트 포장길의 연속이었다. 지나다니는 차도 많았다. 도로의 소음이 귀를 괴롭혔다. 차가 한 대도 없는 자연의 길이 필요해!

갈수록 강해지는 햇볕으로 시간을 가늠하며 걸었다. 배도 출출하고 지쳐가던 참에 은영 언니, 군청 아저씨와 함께 식당에 앉았다. 세계 공용어인 보디랭귀지와 번역기를 이용해 겨우 음식을 시켰다. 처절한 의사소통 중 스페인어 단어를 하나 더 배웠다. '로모', 돼지 등심이란 뜻이다. 엄마는 딸려 나온 와인을 열심히 마셨다. 엄마가 붉은 기가 도는 얼굴로 실실 웃고, 취했냐고 물었을 때 발랄한 말투로 안 취했어! 를 외치며 나를 한대 가볍게 후려치면 취했다는 의미였다. 더불어 걸음걸이도 약간 이상해진다.

"엄마, 술빨로 걷자. 우리 서둘러서 가야 해."

엄마를 재촉해 걷는데, 식당 주인이 뛰어나와 아빠 이름이 박힌 신용카드를 건네줬다. 비상상황이 발생할지 몰라 챙겨온 건데 꺼낼 일이 없어서 존재 자체도 잊고 있었다. 아까 선크림을 찾으려고 가방을 뒤집어엎다가 떨어뜨린 모양이었다. 우리도 모르는 사이 무언가를 잃어버린 것은 아닌지 불안해졌다. 긴급점검을 했다.

"다 있는가 보자. 여권 둘, 엄마 거 내 거, 크레덴시알 둘, 엄마 거 내 거, 엄마 체크카드, 아빠 신용카드, 내 현금 만 원, 어제 500유로 인출한 거까지. 다 있어?"
"네, 다 있어요!"

긴급점검 후 다시 전진! 엄마는 술기운이 올랐는지 흐느적거리기 시작했다. 더운 날씨에 술 마시고 운동까지 하는 중이니 쓰러지는 건 아닌지 걱정이 됐다. 휘청거리는 발놀림, 원래도 자유분방했지만 더 자유분방하고 참신해진 스틱 사용법, 취했냐고 물어볼 때마다 에이, 안 취했어! 를 외치는 것까지. 지금 엄마의 상태가 매우, 아주 좋지 않았다.

잘 오나 걱정되는 마음에 뒤를 돌아볼 때마다 앞만 보고 가라는 엄마의 말이 돌아왔다. 엄마를 앞서 걷는데 지나가던 순례자가 나에게 물었다.

"저기 네 뒤에서 오는 네 친구, 상태 괜찮은 거래? 지금 좀…."

그 순례자는 엄마의 상태를 설명할 단어를 고르는 듯 잠시 망설였다. 그리더니 음, 상태가 안 좋아 보이던데… 하며 엄마의 걸음걸이를 재현해 보였다.

"걱정해줘서 고마워, 엄마는 그냥 취한 거야. 하하!"

엄마라는 점에 놀라고 취했다는 것에 웃던 순례자는 부엔 까미노, 외치고는 사라졌다. 엄마가 조금씩 속도를 내서 나를 따라잡았다. 힘이 쪽 빠진 얼굴로 언제쯤 쉴 수 있냐고 물었다. 급히 검색해보니 1.4킬로미터 떨어진 곳에 바가 있다. 엄마에게 전달할 땐 약간의 편집을 거쳤다.

"엄마, 800미터 남았대! 좀만 힘내자!"

속도가 더디기는 둘 다 마찬가지였다. 나는 발목과 무릎 통증이 심했고 엄마는 취했다. 그래도 술이 더 악영향을 끼쳤나 보다. 엄마보다는 내가 좀 더 힘이 남아있었다. 카페로 가는 길, 오토바이 앞에 서 있던 두 남자가 우리에게 말을 걸었다.

"부엔 까미노! 너는 산티아고에서 오는 길이니, 아니면 산티아고에 가는 길이니?"

"산티아고에 가는 길이야!"

"오, 그래. 행운을 빌어."

산티아고에서 오는 길인지, 가는 길인지.

산티아고로 가는 사람들만 있다고 생각했는데, 그 말을 듣고 가만히 생각해보니 우리와 역방향으로 걷는 순례자들이 종종 있었다. 생장피드포르역에 가지런히 놓여있었던 때 묻은 가방들과 신발들이 떠올랐다. 목적도 이유도 모르게 놓여있던 그 짐들은 산티아고에서 다시 걸어온 이들의 짐이었을까? 걸어간 길을 거슬러 갔을 사람들을 생각해봤다. 같은 마을 같은 알베르게에서 다른 기억을 쌓았겠지, 그것도 의미 있겠다. 우리에게 주어진 시간이 아주 길었다면 산티아고에 갔다가 다시 돌아왔을 수도 있겠다. 기억을 되새기며 말이다.

사람들이 전부 떠난 조용한 바에서 한참을 쉬었다. 엄마는 늘 그랬듯 얼음을 아그작아그작 씹어먹고 싶다며 얼음이 가득한 컵을 받아왔다. 거기에 아메리카노를 약간 넣어 마셨다. 나는 시원한 물을 마셨다. 창밖을 바라보며 쉬다가, 무심코 고개를 돌려 엄마를 봤다. 엄마가 탁자 위에 엎드려 자고 있었다. 5분만 이러고 있겠다는 엄마를 기다렸다가 달래서 다시 일어섰다. 다시 아스팔트 도로가 이어졌다. 그래도 이전에 자동차 소음만으로 가득하던 도로와는 달랐다. 갓길에 수로가 있어 물이 콸콸 흐르는 소리만이 가득했다. 마음에 평안이 깃들었다.

하루가 참 길었다. 드디어 마을에 도착했다. 7시 반이었다. 순례길 첫날, 피레네산맥이 떠올랐다. 알베르게에 도착해 지금 몇 시냐고 물었더니 7시

165

반이었던 그날. 오늘의 길은 험한 산도 아니었고 우리의 체력도 그때 비하면 한참 발전했다. 모든 것이 다 좋았는데 왜 7시 반에 도착했지? 먼저 도착해있던 순례자들에게 물어보니 12시, 2시쯤 숙소에 들어왔단다.

저녁을 먹고 와인을 땄다. 알베르게에서 판매하는 저렴한 와인이었다. 나는 또 놀림거리가 됐다. 전에 와인을 따라주다가 병을 돌리라는 말을 듣고, 제사를 지낼 때처럼 한 바퀴 원을 그리며 병을 돌렸는데, 갑자기 모두가 웃었다. 알고 보니 병에서 와인 방울이 안 떨어지게 옆으로 빙글빙글 돌리라는 말이었다. 그걸 내가 어떻게 알아! 그 이후로 와인만 보면 엄마가 날 보고 웃었다.

그때 와인 '돌리는' 법을 배웠고, 오늘은 와인 마개 따는 법을 배웠다. 코르크는 이렇게 따면 된다는 불도저 아저씨의 친절한 가르침을 열심히 들었다. 나중에나 써먹을 수 있겠지.

어른들은 와인을 마시고, 나는 씻고 나와 알베르게 고양이들과 놀았다. 애교가 많은 고양이, 겁이 많은 고양이, 작은 고양이… 옆에 앉아 있던 고양이가 내 작은 움직임에 놀라 뛰쳐나갔다. 한 마리가 나가니 다른 고양이들도 우르르 따라갔다. 엄마는 그 짧은 새에 와인을 많이 마셔 버렸다.

23

아
스
토
르
가

Astorga

엄마는 숙취에 시달리는 중이었다. 그런 엄마를 놀리다 보니 옥수수밭이 나왔다. 엄마가 입맛을 다셨다.

엄마가 좋아하는 음식 세 가지가 있다. 맥주, 얼음, 옥수수. 엄마는 얼음을 아그작아그작 씹어먹기 좋아하고, 저녁으로 맥주 한 캔 마시는 게 낙이며, 길 지나다 찐 옥수수 냄새를 맡으면 지갑을 여는 사람이다. 엄마는 날것의 옥수수만 봐도 쪄낸 옥수수의 맛이 떠올라 군침이 돈다고 했다.

밭에 설치된 스프링클러에서 물이 확 튀어나왔다. "기다렸다 물이 멈추면 와!" 앞서간 엄마가 소리를 쳤다. 엄마 말을 제대로 못 듣고 놀란 마음에 무작정 뛰었다. 결국은 다시 돌아온 스프링클러에 물을 고스란히 다 맞았다.

마을을 벗어나니 다시 갈림길이 나타났다. 정방향의 길에는 ROAD 우측 방향에는 WAY. 차도로 걷는 15킬로미터의 길과 산 오르막을 따라 걷는 16킬로미터 우회로를 뜻했다. 어느 길로 갈지 엄마와 아침부터 긴 논의를 했다. 어제 도로 소음이 정말 시끄럽고 무섭기까지 했다. 그렇기에 조용한 우회로를 택했다. 1킬로미터쯤이야, 소음으로부터 해방된다면 더 걸을 수 있었다.

그렇게 우회로에 막 들어섰는데, 한 순례자가 우리를 쫓아왔다.

"여기 3킬로미터 더 긴 우회로야!"

1킬로미터 아니었어? 뭐 그렇다고 하니 걷는 거리를 조금이나마 줄여보자는 것에 의견이 통했다. 'ROAD'로 방향을 틀었다.

그리고 엄마랑 싸웠다. 오늘따라 기분이 너무 좋지 않았다.

묵을 숙소도 아직 결정하지 못했고, 이제는 순례길 이후의 여행 계획도 짜야 했다. 유난히 탄 것 같은 얼굴이 신경 쓰였고, 몸 상태도 좋지 않았다. 오랜만에 켠 뉴스 창에는 끔찍한 사건이 가득했다. 걷고, 먹고, 자는 것에만 충실한 나날이 일상이 되었는데, 뉴스를 본 순간 이 영원할 것만 같은 일상이 잠깐의 여행에 불과하다는 사실을 깨달았다. 하필 그때 작은 고양이를 코너에 몰아넣고 소리를 지르던 순례자 무리까지 마주쳤다. 내딛는 걸음마다 부정적인 감정이 가득했다. 가슴이 답답해지고 울분이 차올랐다. 엄마라도 나를 좀 챙겨서 걸어주면 좋겠는데, 엄마는 계속 먼저 가려고 했다.

"나 혼자 두지 말고 보조 좀 맞춰서 가자고!"
"왜 맞춰야 하냐고! 언제는 따로 좀 가자더니!"

엄마도 같이 소리를 질렀다. 언성을 높인 끝에 엄마가 앞서갔다.

걷던 와중 무심코 뒤를 돌아봤더니 침낭이 한참 뒤에 떨어져 있었다. 익숙한 주황색. 내 침낭! 길을 되돌아갔다. 침낭을 주워 가방 밑에 꽁꽁 묶었다. 종종 덜렁거려서 불안했는데 하필 오늘 떨어졌다. 동여맨 침낭을 손으로 받치고 걸었다. 시간이 지나 짜증이 사그라들 즈음이었다. 사거리에서 나를 애타게 기다리는 수박 껍질색 옷을 입은 엄마가 보였다.

싸운 것도 잊고 엄마와 앉아 도란도란 이야기를 나눴다. 엄마는 내 잔소리를 들을 때마다 유난이다 생각했는데, 오늘 그 마음을 이해했단다. 뒤로 처지면 쓰러진 건 아닌가, 앞으로 빠지면 길을 잃는 게 아닌가, 걱정하던 내 마음을 절실히 느꼈다고. 이렇게 걱정하느라 마음을 졸이는 건 내 담당인데! 더군다나 차가 쌩쌩 달리는 차도 옆을 걸으려니 사고라도 나는 건 아닐까 두려웠단다. 우회로로 돌아올 걸 그랬다며 엄마는 뒤늦게 후회했다. 나도 후회했다.

길이 또 나뉘었다. 붉은 흙이 깔린 땅과 아스팔트 도로길. 이 길이나 저 길이나 통하는 것 같았다. 도로를 벗어나고 싶어 붉은 땅으로 향했다. 고개를 들어보니 하늘이 정말 눈부시게 파랬다. 빛나게 새파랬다. '새파랗다'라는 말을 하늘로 옮긴다면 이런 모습일 것만 같았다. 솜사탕을 뜯어놓은 듯 휘날리는 구름까지! 문학작품 하나가 마음속에서 써지고 있었다.

이상하게 순례길 표석이 보이지 않았다. 작은 갈림길을 마주하고서야 길을 잃었음을 알아챘다. 순례길의 모든 갈림길에는 방향을 알려주는 표시가 있는데 아무리 봐도 없었다.

헛걸음했어도 기분이 좋은 건 풍경이 너무 예뻐서였을까? 시끌시끌한 도로를 따라 기분 좋게 다시 걷기 시작했다. 한참 걷다가 주유소에 딸린 편의점을 만났다.

엊그제 수첩을 새로 샀다. 그때그때 일기를 쓰고 있었다. 수첩을 펼쳐 기록도 열심히, 편의점에서 산 감자칩도 열심히 먹었다. 엄마는 멍을 때리고 있었다. 눈치가 보여 얼른 쓰겠다고 했더니 아무 대답도 돌아오지 않았다. 찔리는 마음에 일기를 마무리했다. 엄마는 괜찮으면 괜찮다고 말을 하는 편인데, 아무 말 안 하는 건 '네가 이러는 건 참 멋진 일이긴 한데 나는 기다리기 지루하구나'라는 간접 표현이었다. 수첩을 접고 에너지 보충을 위해 아이스크림도 하나 더 먹고 출발! 약 8킬로미터가 남았다. 부지런히 걸으면 2시간이면 도착하겠다.

어느 순간 조용한 숲길에 접어들었다. 오늘의 목적지는 그 유명한 아스토르가(Astorga). 가우디의 건축물이 있는 마을이다. 십자가, 하늘, 풍경, 주택의 지붕들이 보였다. 알베르게가 코앞, 마지막 관문이 우리를 기다리고 있었다. 급경사의 오르막길을 걸어 올라갔다. 먼저 도착한 군청 아저씨가 숙소가 무척 깔끔하다길래 걱정은 덜고 공립 알베르게로 갔다.

인당 5유로. 역시 공립은 저렴해! 도미토리룸과 같은 가격에 우리만 묵을 수 있는 2인실을 얻었다. 베드버그가 득실거린다는 소문은 허풍이었는지 어딜 봐도 베드버그의 흔적은 없었다. 보고 싶다고 볼 수 있는 벌레가 아니긴 하지만.

그날 나는 베드버그에 물리지 않았고 시설은 오히려 아주 좋았다. 우리만 쓸 수 있는 방에는 바깥 풍경이 잘 보이는 큼직한 창문도 있었다.

세탁기를 돌려놓고 샤워를 했다. 대부분의 공립 알베르게가 그렇듯 5초에 한 번씩 물이 멈추는 샤워기였다. 버튼을 계속 눌러가며 씻어야 했다. 며칠 물이 잘 나오는 샤워기를 썼다고 이 불편함이 낯설었다. 따뜻한 물이 잘 나와서 다행이었다.

발에 물집이 다시 번지고 있었다. 심각했다. 맨발로 슬리퍼를 신고 걸을 때면 통증이 심하게 느껴졌다. 신기하게도 막상 등산화를 신고 걸을 때는 아프지 않아서 눈치채지도 못했다. 어떻게 손을 대야 할지도 모르겠다. 물집이 발 면적의 반 정도를 차지하고 있었다. 부풀어 오르다 못해 혼자 터졌다. 아래쪽은 보랏빛 새 피부가 나왔고 위쪽은 하얗게 불었다.

잘 관리하지 못한 상처라 염증이 생긴 듯했다. 내 위생만은 꼭 챙기려고 하는 나다. 집에서는 발만 10분을 씻는다. 그런데 나의 발에서 심하게 곪은 냄새가 나다니. 비누 거품을 내서 빡빡 씻었는데도 견딜 수 없는 냄새가 풍겼다. 포기한 채로 샤워장을 나와 소독을 하고 큰 반창고를 붙였다. 양말도 두 겹을 신었다. 충격을 흡수할 수 있도록 양말 사이에 생리대도 깔았다. 도톰하게 감싼 발에 슬리퍼를 신으니 통증은 느껴지지 않았다.

절뚝절뚝 아래층으로 내려갔다. 세탁이 다 된 빨래를 널었다. 해가 좋아 금방 마를 것 같았다. 그사이에 백숙 재료를 사 온 군청 아저씨가 손을 흔들었다. 오늘은 군청 아저씨의 스페셜 메뉴. 엄마, 찔, 군청 아저씨와 함께 저녁을 먹었다.

저녁에 대한 보답이라며 찔이 디저트를 준비했다. 말이 통하지 않아 필담을 나눴다는 옛사람들처럼, 내 이름의 한자를 쓰며 사소하고 재밌는 이야기들을 나눴다. 찔에게 한자 발음을 배우는 동안 큰 보름달이 떴다. 얼마 전 아헤스에서는 분명 초승달을 봤던 것 같은데 갸름했던 달이 그새 이렇게 커졌다. 달이 차오르는 걸 보며 지나간 날을 세는 일, 낭만적이기 그지없었다.

아스토르가 들어가는 길에 만난 조각상

아스토르가 입구

아스토르가에 뜬 보름달

24

폰세바돈

Foncebadon

어디선가 계속 음악이 울려 퍼졌다. 옆 마을에서 소리의 근원을 찾았다. 큰 스피커 옆에 술병을 든 이들이 아직도 모여 있었다. 밤새도록 파티가 열렸던 모양이다.

아침을 먹으려고 바에 앉았다. 샌드위치와 오렌지주스를 시켰다. 피리를 불고 북을 치는 아저씨가 지나갔다. 시끌벅적한 음악으로 가득 찬 아침이었다. 배를 불리고 나오는 길에 익숙한 얼굴을 만났다. 며칠 전 기타 선율이 흐르는 낭만적인 저녁 시간을 만들어 준 순례자였다. 눈이 마주치자 손 키스를 날려줬다. 그 순례자를 시작으로 아는 얼굴이 불쑥불쑥 등장했다. 불도저 아저씨, 김 씨 아저씨, 한 씨 아저씨, 친절 언니… 유난히 길이 복닥복닥했다.

중간 중간 오렌지를 까먹으며 걷다 보니 아, 또 피레네산맥이 떠오르는 길이 등장했다. 마지막 5킬로미터는 오르막길의 연속이었다. 그래도 나, 피레네산맥 때보다 체력이 정말 좋아졌다. 아주! 뒤처져 걷던 나는 이제 없다. 날쌔게 기어올랐다! 엄마보다 한참 앞서 마을에 도착했다.

오늘은 산 정상에 있는 마을, 폰세바돈(Foncebadon)에서 묵는다. 폰세바돈에서 철의 십자가(Cruz de Ferro)까지 약 20분. 순례길에서 가장 기대했던 철의 십자가가 코앞에 당도했다. 내일 거기서 일출을 볼 예정이었다. 많은 순례자가 철의 십자가에서 아침을 맞기 위해 이 마을로 모였다.

엄마가 며칠 전부터 꼭 묵고 싶다며 봐둔 곳이 있었다. 기부형 알베르게 '도무스 데이'다. 밤에 순례자끼리 둘러앉아 기도 시간을 갖는 특별한 공간이라고 했다. 그런데 무언가가 수상했다. 개미 한 마리도 보이지 않고 이상한 적막이 마을을 휩싸고 있었다. 불안한 마음이 스멀스멀 머리를 들었다. 서둘러 엄마가 찍어둔 알베르게로 갔다. 알베르게 앞에 줄을 선 순례자들이 있었다. 오늘은 자리가 다 찼단다.

얼른 다른 알베르게를 검색했다. 마침 평이 좋은 곳이 있었다. 그런데 그곳도 풀! 마을 초입에 있던 다른 알베르게도 풀. 때마침 도착한 엄마에게 상황을 전했다. 카페에서 음료를 하나 시켰다. 엄마를 앉혀 쉬게 하고, 가방도 놓고 숙소를 구하러 돌아다녔다.

마을 구석에 있는 알베르게를 찾았다. 닭장 냄새가 진하게 풍겨오고 숙소 문은 닫혀 있었다. 여기도 포기. 숙소를 이미 구한 찔도 우리를 도와주겠다고 나섰다. 그리고 찔이 묵는 알베르게 사장님으로부터 청천벽력 같은 소식을 들었다.

"이 동네 알베르게가 다 찼어요."

길에서 노숙하던지, 다음 마을까지 더 가야 한다는 암담한 선택지가 머리를 스쳤다. 그저 막막했다.

내일 철의 십자가는 아주 중요한 곳이었다. 엄마는 순례길에 오기 전부터 이곳에 오기를 고대했다. 그런 특별한 곳을 이렇게 넘어갈 수는 없었다. 게다가 오늘은 이미 걸을 만큼 걸었다. 더는 체력이 남아 있지 않았다. 그렇다면 길바닥에서 노숙해야 하나? 안 돼! 그럴 수는 없어! 암담해 하는 우리에게 알베르게 사장님이 다시 말을 걸었다.

"도미토리룸은 없지만, 독방은 남았어요. 50유로."

진작에 말씀하시지!

보통의 알베르게는 인당 10유로. 어제는 인당 5유로짜리 방에서 잠을 잤었다. 15유로가 넘어가면 비싼 알베르게에 속했다. 그래도 독방이잖아! 다른 여행지에서는 비싼 축에도 들지 않는 가격이었다.

쓴 보람이 있었다. 이 방, 너무 맘에 들었다! 높은 천장과 뻥 뚫린 창, 넓고 푹신한 침대까지. 제일 마음에 든 건 호텔에서 제공할 법한 커다란 수건이었다. 조그만 스포츠 타월로 몸을 닦은 지 3주 째였다. 내 몸을 다 감싸주는 넓은 수건이 반가웠다.

오랜만에 노래도 틀어 두고 아주 길고 여유롭게 샤워했다. 이게 무슨 호사야! 피부가 발개질 때까지 뜨거운 물로 씻고 나왔다.

저녁에는 찔과 얼굴만 한 크기의 스테이크를 판다는 식당에 갔다. 오는 길에 만난 사람들이 합류하면서 무리가 하나둘 늘었다. 여럿이서 큰 테이블을 차지하고 앉았다. 사람당 메뉴 하나씩은 꼭 시켜야 한다는 말에 대왕 스테이크 3개, 미디엄 레어와 웰던을 적당히 섞어 시키고, 돼지 립, 햄버거,

갈비찜 같은 고기 요리, 샐러드까지 다양하게 주문했다. 엄청난 크기의 접시들이 차례차례 나왔다. 찔이 말한 대로 정말 얼굴만 한 스테이크였다. 아니다, 얼굴보다 더 컸다. 해적이 된 기분으로 스테이크를 뜯었다.

25

폰
페
라
다

Ponferrada

어제 숙소로 돌아와 일기를 쓰려고 수첩을 펼친 것에서 기억이 멈췄다. 정말 피곤했나 보다.

오늘은 드디어 고대하고 고대하던 '철의 십자가'를 보는 날! 종교가 없는 나로서는 십자가 자체보다 일출을 조금 더 기대하고 있었다. 설렘이 한가득한 엄마와 함께 숙소를 나섰다. 생각보다 출발 시간이 늦어졌다. 일출 시각에 맞출 수 있을까? 엄마에게 꼭 일출을 보여줘야 하는데!

다행히 해가 뜨기 전에 도착했다. 야트막한 산길 끝, 저 멀리 철의 십자가가 보였다. 생각보다 크기가 작았다. 그냥 십자가였다. 감흥이 넘치지 않았다. 무던한 걸음으로 뚜벅뚜벅 십자가에 다가갔다. 그런데 철의 십자가가 시야에 큼직하게 들어온 순간, 나도 모르게 눈물이 흘렀다. 눈물이 멈추지 않았다. 차가운 돌 위에 앉아서 펑펑 탈진하도록 울었다.

왜 우는지는 나도 몰랐다. 그냥 토해내고 있었다. 내가 정말로 순례길에 왔구나. 뒤늦게 실감이 났다. 동시에 끝이 다가왔다는 사실까지.

순례길을 걸으면서 이곳에 다시 와야겠다는 생각은 딱 한 번 해봤다. 기분이 엄청 좋은 날이었다. 그 생각마저도 하자마자 재빨리 접었다. 누가 뭐래도 다시는 오고 싶진 않은 고생길이었다. 인생에 한 번으로 족한 경험. 그런데 처음으로 이 길에 온 것이 감사했다. '이 길에 다시 와야겠다.'라는 생각이 강렬해졌다. 나는 이 길에 다시 오게 될 거다.

엄마는 생각보다 덤덤했다. 나 혼자만 이렇게 울고 있었다. 십자가 옆으로 다른 순례자들이 모여들어 이야기를 나누고 있었다. 시끌벅적한 주변, 차가운 돌이 엉덩이에 닿는 느낌, 눈물이 나는 만큼 아려오는 코까지. 이 순간이 생생한 기억으로 남을 것만 같았다.

울음이 그쳐갈 때쯤 철의 십자가 아래 무엇을 두고 갈까 고민했다. 순례자들이 고향에서 돌을 하나씩 가져와 철의 십자가 위에 두고 가는 전통이 있다. 고향의 돌을 미처 준비하지 못한 우리는 지금까지 달고 온 가리비를 두고 가기로 했다. 엄마는 가리비에 짧은 메시지를 적어서 십자가에 매달았다. 나는 생장피드포르에서 받은 가리비를 택했다. 여기까지 함께 걸어오며 반쪽이 부러진 가리비였다.

무더위, 베드버그, 물집… 처음 겪어보는 것들을 탓하느라 여태 부정적인 마음으로 걸어왔다. 이 십자가 앞에서 펑펑 울기까지 했으니, 마음도 고쳐 달고 싶었다. 반으로 깨진 가리비에 부정적이었던 마음과 지금까지 걸어온 시간을 담아 십자가에 잘 매듭지어 달아두었다. 지금까지의 나를 담아두고, 새로운 내가 되어 걷자는 소원이었다. 예전에 사뒀던 새 가리비를 가방에 매달았다. 그렇게 마음을 바꿔 달고 걸었다.

다시 피레네산맥이 떠올랐다. 어제는 오르막, 오늘은 내리막이 이어졌다. 비록 몸은 고되지만 산을 타는 날이면 광활한 풍경을 볼 수 있어서 좋았다. 보기만 해도 속이 탁 트이는 풍경이 이어졌다. 아직 몸이 성하지 않았다. 발목이 헐거워진 기분이었다. 발을 잘못 디뎌 떨어질까 바들바들 떨며 걸었다.

"조심히 걸어요. 차가 이쪽에서 갑자기 나올 수도 있으니, 저 길로 걷는 게 좋을 거예요."

한 할아버지 순례자가 나를 좋은 길로 안내했다. 내 발목을 유심히 보던 다른 순례자는 "너, 몸 괜찮아? 서두를 거 없으니 발목이 더 상하지 않게 천천히 걸어와." 하며 살가운 걱정을 남기고 갔다.

내리막을 걷다 보니 마을이 보였다. 떨리는 다리에 힘을 불어넣었다. 내려가는 길목에서 마을의 바 직원이 간이의자에 앉아 음료 무료 쿠폰을 나눠주고 있었다. 그 바에 자리를 잡았다.

엄마와 따뜻한 샌드위치를 시켜 먹었다. 배를 채운 이후엔 묵묵히 걸었다. 한 발 한 발 딛는 순간이 아팠다. 내 발목이 얼마나 연약한 존재인지 깨달았다. 그래도 이 달랑거리는 발목보다 더 강한 의지로 꾸준히 걸었다. 목적지인 폰페라다를 7킬로미터 앞두고 정말 정말 아름다운 마을을 만났다. 몰리나세카.

무더운 날씨, 마을에는 큰 강이 흘렀다. 돌다리에서 내려다본 강가에는 사람들로 가득했다. 물에 몸을 담그고 수영하는 아이들, 햇빛을 즐기며 여유롭게 누워있는 사람들… 모두가 아름다운 하나의 풍경이었다.

군청 아저씨, 엄마와 함께 강가의 바에 앉았다. 엄마와 아저씨는 맥주,

나는 오렌지주스를. 스페인 어느 지역에서는 음료를 시키면 무료 안주를
준다는 이야기를 읽은 적이 있는데 우리가 지금 그 '어느 지역'에 들어온
모양이었다. 엊그제 레온에서도 큼지막한 닭다리가 안주로 나왔고 오늘도
안주를 하나 고르라고 했다.

　직원이 방금 갓 튀긴 감자칩을 진열대에 놓고 있었다. 갓 튀긴 감자칩, 그
게 최고지! 매콤한 양념을 솔솔 뿌린 감자칩을 먹으며 여유를 즐겼다. 마
침 눈앞에서 작은 연주회가 펼쳐졌다. 정장을 차려입은 악단이 신나는 곡
을 연주했다. 흥겨운 음악에 모두가 손뼉을 치고 소리를 높였다. 한 할아버
지와 할머니는 앞에 나가 춤을 추었다.

철의 십자가

철의 십자가에서 내려오는 길

26

비야프랑카 델 비에르소

Villafranca del Bierzo

비야프랑카 델 비에르소는 그 유명한 TV 예능 프로그램 '스페인 하숙'에 등장하는 곳이다. 프로그램을 보지는 않았다. 그래도 방송에 나온 곳이라 하니 오늘만큼은 일찍 도착해 여유롭게 마을을 둘러보고 방송에 나왔다는 숙소도 구경하고픈 욕심이 생겼다.

우리는 지금껏 묵어가는 마을을 제대로 구경해본 적이 없었다. 느린 걸음 탓에 늘 저녁이 다 되어 도착하다 보니 빨래와 샤워, 식사까지 마치면 잘 시간이었다. 시간도, 에너지도 남아있지 않았다. 마을을 구경하려면 일찍 도착해야 했다. 그래야 몸을 씻고 빨래하고 밥도 먹은 이후에 휴식 시간을 만들 수 있다. 일찍 도착하겠다는 야심을 품고 길을 나섰다.

마지막으로 딱 한 번만 쉬자며 그늘 벤치에 자리를 잡았다. 군청 아저씨가 사과를 꺼냈다. 내가 태어나기도 한참 전에 스위스에서 사왔다는 수제 맥가이버 칼도 함께 꺼냈다. 사과를 잘 깎아 건네주시려는데! 사과가 자갈

돌밭으로 떨어져 버렸다. 뾰족한 돌이 사과에 콕 박혔다. 이게 뭐야! 한참을 웃었다. 돌을 빼고 물에 잘 씻어 맛있게 나눠 먹었다. 마지막 힘을 냈다.

기적같이 2시 전에 도착했다. 우리가 이렇게 일찍 도착하다니. 와, 우리가 정말 오기도 붙었고 체력도 붙었구나! 감탄하며 알베르게를 찾아보기 시작했다. 스페인 하숙을 촬영했던 알베르게에는 단층 침대만 있는 방이 있다고 했다. 2층침대에 질린 참이라 그곳으로 갈까 고민했는데 하필 마을의 끝에 있었다. 15분은 더 걸어가야 했다. 15분 더? 못해, 못해. 포기했다.

공립 알베르게는 너무 초입에 있었다. 슈퍼마켓이나 식당을 다녀오기에 불편해 보였다. 그렇게 마을 중심부에 자리 잡은 '레오 알베르게'로 정했다. 평이 좋았다. 특히 한국인 사이에서 유명해 보였다. 시설은 엄청 좋지만, 좋은 탓에 예약 없이 들어가기 힘들다는 누군가의 리뷰를 봤다. 제발 자리 있어라! 조마조마한 마음으로 레오 알베르게를 찾았다. 들어가자 자리를 확인해주겠다는 말과 함께 달달한 에이드를 내줬다. 다행스럽게도 누군가가 마침 예약을 취소했단다.

우리는 5인실에 배정받았다.

살이 따가울 정도로 수압이 강했다. 미약한 수압으로 씻는 것에 익숙해져서 새삼스럽기까지 했다. 뜨거운 물도 콸콸 나왔다. 씻고 드러누워 있는 내 발을 무심코 바라본 군청 아저씨가 탄식을 내뱉었다. 물집 상태가 무척 심각하기는 했다. 한참을 옆에서 치료해주시던 아저씨가 나에게 감금령을 내렸다. 늘 다정하게 챙겨주시는 아저씨는 나의 '까미노 아빠' 같은 존재다.

지금 제일 고통받는 것은 내 코였다. 어제 발바닥 물집에 빨간약을 바르고 큰 포를 붙여 상처를 봉해두었더니 아주 고약한 향이 났다. 참을 수가 없어 한 번 더 씻고 왔다. 발에 다시 포를 덮고 양말을 신었다. 코와 발을 최대한 멀리 떼어 놓았다. 드러누웠다.

오랜만에 주어진 여유시간이었다. 고작 오후 3시였다. 10시부터 잔다고 치면 지금 나에겐 7시간이 남아 있었다. 지금 출발해도 해가 지기 전에 다른 마을에 도착할 수 있는 시간이었다.

엄마는 알베르게의 서재에서 읽고 싶었다는 여행 에세이를 발견했다. 책을 읽고 글을 쓰고 있다. 엄마는 매일 일기를 썼다. 그걸 읽는 재미가 상당했다. 함께 걸어왔는데도 엄마와 나의 시각은 정말 달랐다. 또 엄마가 보는 내가 흥미로웠다.

오랜만에 엄마 블로그에 차곡차곡 쌓인 글들을 다시 읽었다. 피레네산맥을 넘던 날의 글을 읽으며 첫날의 우리를 기억해봤다. 정말 암담했는데 벌써 끝이 다가오다니! 론세스바예스에서 근육통 가득한 몸을 이끌고 마주했던 표지판의 숫자를 기억한다. 790킬로미터. 현실감 없는 숫자라고 생각했었는데 오늘 표석에 새겨진 앞자리 숫자가 1이었다. 백 몇십 킬로미터 남짓. 모레면 그 유명한 '사리아(Sarria)'에 들어간다. 순례길을 짧게라도 걷고 싶은 사람들이 시작하는 도시이자, 산티아고 데 콤포스텔라를 기준으로 약 100킬로미터 떨어진 지점이다.

끝이 가까워졌다는 생각에 어안이 벙벙했다. 산티아고에 도착할 일주일 뒤의 나는 무슨 생각을 하고 있을까? 궁금하고 설레고 동시에 아쉬웠다.

길을 걷다 만난 귀여운 고양이

27 라
파
바

La Faba

오늘의 목적지는 라 파바(La Faba). 많은 사람이 비야프랑카 델 비에르소에서 28킬로미터 떨어진 오세브레이로(O'Cebreiro)까지 가지만, 우리는 약 24킬로미터 지점에 있는 작은 마을, 라 파바를 목적지로 정했다.

라 파바에서 오 세브레이에 가는 구간이 아주 심한 오르막길이라는 말을 들었다. 오르막길은 체력이 회복된 아침에 오르는 편이 비교적 수월했다. 휴식을 취할 때가 됐다는 생각도 들었다. 다른 순례자들과 같은 거리만큼 걷고 같은 곳에서 자고 같이 밥을 먹고 같이 나오는 게 일상이 됐다. 함께 하는 시간은 함께라 의미가 있지만 가끔은 우리만의, 혼자만의 시간도 필요했다. 조용한 마을에서 하루를 보내기로 했다.

스페인 하숙에 나온 연예인이 아침마다 산책하던 길이 바로 여기라는 엄마의 이야기를 들으며 비야프랑카 델 비에르소를 빠져나왔다. 그냥저냥 평탄한 길을 따라 쉬엄쉬엄 걸었다. 여러 마을을 계속 지났다. 1시간에 한

번은 마을이 등장하는 것 같았다. 오후가 되자 10분, 20분에 한 번씩. 마을이 이렇게 많은 길의 장점은 지루하지 않다는 거다. 이 마을 지나면 저 마을, 가지각색의 건물이 있고, 사람이 있고, 좌판에 앉아있는 고양이가 있었다. 구경하다 보면 어느새 시간도 훅, 남은 거리도 훅 줄어들었다.

오늘은 동물과 함께하는 길이었다. 신비하게 앉아있는 고양이, 낡은 폐가에서 놀고 있는 여섯 마리의 새끼고양이, 어슬렁어슬렁 내려오고 있는 황소 떼. 뛰어다니는 닭도 있었다. 닭 무리 옆으로는 시냇물이 졸졸 흘렀다. 마을을 벗어날 무렵 비가 한두 방울씩 떨어지다 금세 그쳤다. 입었던 우비를 다시 벗어 접었다.

자전거길과 도보 길로 나뉘는 갈림길이 나왔다. 자전거길은 지금처럼 아스팔트 길로, 도보 길은 흙길로 빠졌다. 비가 내려 땅이 축축한 날. 젖은 흙을 밟았다.

그래도 생각보단 쉬운걸! 오늘 내내 오르막이라고 해서 한참을 걱정했는데 말이다. 쉬엄쉬엄 걷다 지도를 확인했다. 라 파바까지 얼마 남지도 않았다. 1킬로미터만 더 가면 마을이라니, 쉽다 쉬워. "엄마, 조금만 올라오면 마을이야!" 자신만만하게 외치고 걸었다. 그런데 세상에, 역시 자만하면 안 되는 순례길이다. 남은 1킬로미터가 이렇게 험한 길일 줄이야… 급경사 오르막길이 이어졌다.

탄식이 절로 나왔다. 걸어도 걸어도 끝이 나지 않았다. 1킬로미터가 아니라 10킬로미터인 걸 내가 잘못 봤던 걸까? 오기로 오르다 보니 그래도, 드디어! 끝이었다. 도착하자마자 남은 물을 죄다 비웠다.

아직 숙소를 못 정했다. 하나 찜해둔 알베르게는 왔던 길을 되돌아가야 하길래 포기했다. 우리에게 '빽도'는 있을 수 없는 일. 무작정 위로 올라갔더니 바가 있었다. 우선 밥을 먹고 천천히 생각하자.

메뉴를 보니 비건 식당이었다. 햄버거와 샐러드를 시켰다. 화려한 토핑이 올라간 샐러드부터 담백한 콩고기 패티가 들어간 맛있는 햄버거까지. 만족스러운 식사였다. 식당의 아늑한 분위기와 음식에 반해 버려서 바에서 같이 운영하는 알베르게에 묵기로 했다. 그런데 돈을 내고 방에 들어가니, 아… 상상과는 조금 달랐다.

창고 같은 공간에 열 개가량의 침대가 놓여 있었다. 침대 두 개는 천장에 고정되어 둥둥 떠 있었다. 내부는 어두컴컴했다. 신발도 침대 옆에 모아둬야 했다. 잠만 자는 공간으로 생각해야겠구나. 그런데 웬걸, 샤워실이 상상 이상으로 좋았다. 물이 콸콸 나왔다.

어느새 저녁 시간이었다. 무언가를 볶고 요리하는 향과 소리에 이미 배가 고팠다. 테이블을 닦고 준비를 마친 사장님이 순례자들을 불러 모았다. 샛노란 호박 수프 먼저 나왔다. 단호박과 견과류의 맛과 향이 진하게 풍겼다. 따뜻하고 고소한 수프에 몸이 노곤노곤 풀어졌다. 마주 앉은 한 순례자가 갑자기 수박!을 외쳤다.

"수박?"

"그게 한국어로 '워터멜론' 맞죠? 전에 만난 한국인이 알려줬어요."

순례자가 수줍게 웃어 보였다. '물' '포도주' '딸기' 같은 한국어 단어를 알려주다 보니 두 번째 요리가 나왔다. 진한 토마토소스를 얹은 귀리밥, 마

지막으로 바나나에 계핏가루를 듬뿍 뿌린 푸딩이 나왔다. 다시 건너편의
순례자가 물었다.

"바나나가 한국어론 뭐야?"
"음, 한국어로도 바나나야."
"와, 나 한국어 엄청나게 잘하는 거였구나! 바나나라는 단어를 이미 알
고 있잖아!"

즐겁게 웃으며 식사를 마쳤다. 맛있고 흡족한 저녁 식사의 마법인지 실
망스러웠던 숙소가 굉장히 아늑하고 멋져 보였다. 제일 구석에 놓인 침대
2층에 자리를 잡았다. 튼튼한 원목 침대라 맘껏 움직여도 흔들림이 없었
다. 아, 정말 좋은 밤이야.

도보 길과 자전거길

28

필
로
발

Fillobal

아침부터 코를 찌르는 똥 냄새에 잠이 확 깼다.

쌀쌀한 날씨에 바람막이까지 겹쳐 입었다. 알베르게에서 나오자마자 오르막길이었다. 산을 오르고 올라 속이 시원해지는 풍경을 만나며 걸었다. 곧이어 갈리시아 주 표지석이 등장했다.

지금부터는 갈리시아 주(Galicia)였다. 나바라 주(Navarra), 라 리오하 주(La Rioja), 까스띠야 이 레온 주(Castilla y Leon)··· 많이도 지나왔다. 갈라시아주는 목적지인 '산티아고 데 콤포스텔라'가 속해 있는 순례길의 마지막 지역이다.

갈리시아 주에서는 시래기국을 먹어야 한다는 추천을 많이 받았다. 갈리시아의 전통 수프, '깔도 가예고(Caldo gallego)'다. 시래기국과 비슷한 맛이 나기로 한국인 사이에서 유명했다. 마침 오늘 묵을 숙소 옆에 밥과 고춧가루까지 제공하는 시래기국 집이 있다는 소식! 오늘 메뉴는 이거다.

갈리시아에서 유명한 다른 하나는 변덕스러운 날씨였다. 소문이 사실이었는지 갈리시아 주라고 적혀 있는 표석을 지나자마자 날씨가 흐려졌다. 한 치 앞도 보이지 않을 만큼 안개가 꼈다. 안개를 헤치고 지나가다 보니 거리를 표시한 표지석들이 자주 보였다. 각 주의 표지석마다 특색이 있었다. 디자인도 조금씩 달랐다. 소수점은 생략하거나 소수점 첫째 자리까지만 적혀 있는 지난 것들과 달리, 갈리시아 주의 것은 소수점 셋째 자리까지의 거리를 상세히 적어 놓고 있었다. 160.948킬로미터만 가면 산티아고 데 콤포스텔라가 나온다고 나보다 표지석이 더 호들갑을 떨었다. 500미터마다 하나씩은 세워져 있는 것 같았다. 몇 걸음 걸으면 표지석, 또 표지석… 지도를 안 봐도 될 만큼의 친절함이었다.

안개를 뚫고 만난 마을은 지나가기로 했다. 휴식의 유혹을 뿌리치다니 대단한 일이었다.

"저기, 잠시만!"

그때 나를 부르는 소리가 들렸다. 돌아보니 어제 같은 알베르게에서 묵었던 순례자들이었다. 두고 간 물건을 가져왔다며 내 노트를 건네줬다. 매일 일기며 여행 계획이며 중요한 것을 적어둔 노트인데 그걸 잃어버릴 뻔했다니! 우리를 따라잡으려 엄청나게 뛰어왔단다. 어젯밤 엄마가 노트를 베개 밑에 넣고 잠이 들었는데 밤사이 노트가 떨어졌던 모양이다. 잠결에 그 소리를 얼핏 들은 순례자가 노트를 챙겨 온 것이다.

"고마워, 정말!"

천사 순례자들은 바에서 아침을 먹어야겠다며 돌아갔다. 음료수라도 한 잔 대접할 걸, 하는 생각이 뒤늦게 스쳤다. 노트를 소중히 껴안고 열심히 걸었다. 넓게 펼쳐진 도로를 따라 걷는데 한 자전거가 우리를 보고 멈추어 섰다. 낯익은 얼굴, 몇 번 마주쳤던 미국 순례자. 오랜만에 보네!

오늘 길이 내리막과 평지의 반복이라 자전거를 타고 쭉 내려갈 거란다. 무릎 통증이 심해서 걷기가 힘들다고. 그러고 보니 '자전거 대여' 포스터를 봤던 게 떠올랐다. 자전거 타기 좋은 길이라 많은 순례자가 자전거로 이동하는 모양이었다. 어쩐지 오늘 자전거가 유난히 많았다.

목적지인 필로발까지 얼마 남지 않았다. 무릎 통증이 점점 심해졌다.

여기저기서 들은 '무릎 안 아프게 내려가기' 방법을 써봤다. 첫 번째, 뒤돌아서 거꾸로 내려가기. 두 번째 방법, 지그재그로 내려가기. 둘 다 번거로웠다. 충실하게 걷는 수밖에 없었다.

필로발의 마을 입구 표지판이 보일 정도로 가까워졌다. 미리 도착해있을 엄마를 생각하며 걷는데 뒤에서 한 순례자가 힘차게 마을을 향해 질주해갔다. 나를 지나치는 쾌활한 에너지에 괜히 눈물이 났다. 건강한 무릎에 비교하니 내 무릎의 고통이 더 심해지는 것만 같았다. 눈물을 질질 흘리며 알베르게에 도착했다. 체크인 전에 밥을 먼저 먹기로 했다. 밥까지 4유로. 저렴한 가격의 시래기국을 시켰다.

정말 시래기국 맛이 났다. 토속적이고 구수한 맛… 된장 조금 푼 거 아냐? 의심하며 한 그릇을 싹 다 비웠다. 밥에 찰기가 돌았다. 고춧가루도 우리나라 것과 맛이 흡사했다.

기분 좋게 배가 불렀다. 체크인하고, 개운하게 씻고, 빨래도 돌리고 누웠다. 날씨가 급격히 쌀쌀해졌다. 요즘 날씨는 레온에 들어서던 때와 비슷했다.

밤에는 더 추워졌다. 알베르게에 구비된 담요를 탈탈 털어 덮었다. 담요가 넉넉히 쌓여 있길래 하나 더 챙겨왔다. 옆에 있는 내 또래의 순례자는 담요를 덮고 있었다.

나와 동갑인 헝가리에서 왔다는 순례자였다. 부녀가 함께 순례 중이었다. 공통점이 많았다. 휴가 때마다 틈틈이 순례길에 와서 걸은 게 벌써 3년이 됐단다. 처음 걷기 시작했을 때와 다르게 올해는 어리다는 말을 많이 듣지 않아 기분이 좋다고.

"이번에는 산티아고까지 걷는 거야?"
"글쎄, 갈 수 있으면 가고, 못 가더라도 다음이 있으니 괜찮아."

다가오는 끝을 이야기하며 저녁을 채웠다. 삼 년 동안 쌓인 길의 끝, 어떤 기분일까?

이날을 마지막으로 부녀 순례자를 만나지는 못했지만 우리와 같은 날 산티아고 데 콤포스텔라에 도착했다는 소식을 들었다. 서로에게 행복한 날이기를 빌었다.

엄마와 동상

갈리시아 주 표석

시래기국

Caldo Gallego
Galician Broth
Soupe Galicienne 3'50€
시래기죽 + 밥 = 4€

시래기국을 팔던 가게

29

사
리
아

Sarria

7시인데 아직도 하늘이 어두컴컴했다. 시간이 이렇게 되었는지도 몰랐다. 해 뜨는 시간이 갈수록 늦어지고 있었다. 한 달이라는 시간이 흘렀다는 게 실감이 났다.

아침은 시래기국을 먹었다. 어제 점심, 저녁에 이어 벌써 세 끼째였다. 24시간 주문이 가능한 메뉴다. 엄마는 컨디션이 매우 좋지 않았다. 커피에 설탕을 부어 먹고 있었다. 아메리카노만 먹는 사람인데. 이만큼의 당을 먹지 않으면 도저히 버틸 수가 없을 것 같단다.

주택 몇 채가 전부인 작은 마을을 지나 트리아카스텔라(Triacastela)에 도착했다. 갈림길이 나왔다. '사모스(Samos)'라는 마을을 거쳐 우회하는 긴 길, '산 실(San Xil)' 마을 방향으로 가는 짧은 길이 있다. 우리는 짧은 길을 택했다. 10킬로미터 뒤에 나오는 마을에서 쉬기로 하고 각자 속도에 맞추어 걷기 시작했다.

소똥, 말똥, 개똥, 간혹 고양이똥. 길이 똥밭이었다. 엄마는 '똥 캡슐'에 갇힌 것 같다고 표현했다. 오늘은 내내 똥 냄새와 함께 걸었다.

"오늘은 노트 안 잃어버렸어?"

어제의 천사 순례자들이 웃으며 지나갔다. 엄마의 상태가 좋지 않아서 쉬엄쉬엄 걸었는데도 사리아에 금방 도착했다. 사리아는 숙소대란이 시작되는 지점으로 악명이 자자했다. 사리아는 산티아고에서 딱 100킬로미터 떨어진 지점에 있는 마을이다. 산티아고 데 콤포스텔라까지 100킬로미터 이상을 걸어야 순례 증명서를 받을 수 있다 보니, 짧은 휴가 기간을 이용해 오는 사람, 순례길을 조금이라도 걸어보고 싶은 사람 등 많은 단기 순례자들이 사리아에서 순례를 시작한다. 그래서 숙소가 부족해진다. 지레 겁을 먹고 며칠 전부터 숙소를 예약해두었다.

경사 높은 계단이 많았다. 사리 나올 정도로 오르막길이 많아서 사리아 인가?

농담을 나누며 숙소에 들어섰다. 우리가 일등이다! 구석자리의 침대에 짐을 풀어놓고 씻고 바깥으로 나섰다. 엄마의 에너지를 충전할 수 있도록 고칼로리의 음식을 시켜 먹었다.

이제 알베르게로 돌아가면 딱 잘 시간… 이어야 하는데 아직도 낮이었다. 이렇게 여유로운 시간이라니. 걸음이 느린 우리로서는 낯선 일이었다. 침대에 잠깐 누워있다가 마을 구경을 나섰다. 순례길을 걸은 지 한 달 만에 처음으로 해보는 마을 구경이었다. 나오자마자 찔을 만났다. 하루 이틀 보지 못했을 뿐인데 너무나도 반가웠다.

그러고 보니 찔은 도톰한 가디건을 걸치고 있었다. 우리도 사야 하는데! 다시 쌀쌀해진 날씨에 긴 옷이 필요해졌다. 찔이 옷가게가 모여 있는 골목으로 가는 길을 알려줬다. 다 떨어진 베드버그 약을 사고 쇼핑거리로 내려갔다. 첫 번째 가게는 우리가 지금 입기엔 너무 휘황찬란한 옷들만 팔았고, 두 번째 가게도 걷기엔 불편한 옷, 세 번째 가게는 구제 옷을 팔았다. 그리고 네 번째 가게에서 우리가 원하는 옷을 찾을 수 있었다.

모자를 뒤집어쓰고 걷고 싶은 마음에 후드티부터 훑었지만 죄다 디자인이 화려했다. 대신 단색의 맨투맨 티셔츠를 골랐다. 나는 남색, 엄마는 회색. 마트에 들러 수박도 샀다. 알베르게 앞이 북적북적했다. 자세히 보니 바로 앞 건물이 성당이었다. 그곳에서 순례자 여권을 발급받을 수 있다고 한다. 이제 순례길을 시작하는 사람들이 모여 있었다.

설레겠다!

그때 누가 봐도 이제 막 순례를 시작하는 차림새의 한 남자가 숙소를 잡지 못하겠다고 도움을 요청했다. 자리가 남은 알베르게를 찾아봐 주고, 예약이 가능한지 전화해보라고 휴대폰도 빌려줬다. 겨우 숙소를 찾아낸 남자는 가고 우리는 뒷짐을 지고 또 어슬렁거렸다. 더 도와줄 사람이 없을까?

알베르게 앞마당에서 수박을 먹고 있는데 주변을 두리번거리는 순례자들이 보였다. "아노, 웨얼이즈 레스토랑?"하고 묻는 걸 보니 일본 사람이었다. 내가 또 일본어로 숫자 3까지 셀 줄 안다. 레스토랑 위치까지 설명 완료!

누군가에게는 설레는 시작의 밤이 되겠지. 우리의 시작에도 다정한 이들의 도움이 있었다. 생장피드포르 사무소까지 우리를 데려다준 부자 아저씨, 피레네산맥의 시작을 함께해준 자전거 부부, 물을 나누어줬던 크리스틴⋯ 어리둥절했던 와중에 다가왔던 도움들을 아직도 기억하고 있다. 오늘의 우리도 누군가에게 시작을 함께해준 이로 남았으면 좋겠다.

산 실, 사모스 갈림길

말 타고 순례길을 가는 이들

30

포르토마린

Portomarin

시끄러웠다. 소란스러웠다. 길이 소음으로, 사람으로 가득 차 있었다. 평소라면 적막만이 남아있을 시간인데.

앞뒤에 가득한 사람들 사이에서 밀리다시피 걸었다. 우리가 속도를 늦추면 뒷사람도 속도를 늦춰야만 했다. 눈치를 보느라 쉬지도 못하고 걸었다. 이 많은 사람이 어디서 나타난 건지 분주하기 짝이 없었다. 학교, 각종 단체에서 온 듯한 무리도 지나갔다. 열을 맞춰 걷는 아이들의 소란스러움이 내 귀로 밀려들어 왔다. 이어캡을 잃어버린 이후로 쓰지 않던 이어폰을 찾아 귀에 꽂았다. 음악 볼륨을 크게 높였다.

이어폰을 끼고 노래라도 들으면 나을 줄 알았는데 소음이 덮이지 않았다. 오히려 감미로운 소음이 더해져 두 배의 소음이 됐다. 순례길을 걷는 시간만큼은 우리의 속도에 맞춰 세상도 느릿느릿 흘러가는 것만 같았는데… 고요하던 길이 그리웠다.

시끌벅적해진 길에서 벗어나고 싶어 발을 재촉했다. 이 북적임이 가실 때까지, 모든 사람이 지나갈 때까지 기다릴 수는 없었다. 그런데 도무지 순례자 무리가 끊기질 않았다. 이 무리가 가면 저 무리가 왔다. 이 모든 사람을 앞서가야 할 수밖에! 내가 이런 속도를 낼 수 있는지 몰랐다. 빠르게 걷고 걸어 모든 사람을 제쳤다. 드디어 길이 조용해졌다.

문득 숙소를 꼭 예약해야겠다는 생각이 머리를 치고 올라왔다. 평소처럼 잘 자리가 남아 있는 것도 남아 있지 않은 것도 운명이라며 태평하게 굴 수 없었다. 오전 9시, 알베르게 '아쿠아마린'의 호스피탈레로는 "컴플리또!"를 외쳤다. 다음으로 전화한 알베르게는 전화를 받지 않았다. 그다음으로 전화한 곳에 겨우 두 자리를 예약했다. 오늘의 알베르게, '파지노 파지노.'

곧 100킬로미터 남았다는 것을 알려주는 표지석이 나온다. 그 표석을 만나면 사리아에서 시작한 순례자들은 시작을, 지금까지 걸어온 순례자들은 다가오는 끝을 기념한다.

갈리시아의 전매특허인 다닥다닥 세워져 있는 돌들 덕분에 내가 얼마나 걸었는지 알고 싶지 않아도 자연스레 알게 됐다. 101킬로미터, 101킬로미터하고도 몇 미터 더, 그리고 몇 미터 좀 더… 아주 조금씩, 더디게 줄어드는 숫자 때문에 자꾸 김이 새다가 백 킬로미터 표석을 마주했다. 사람들이 줄을 서서 사진을 찍었다. 화려한 낙서가 보였다. 이제 남은 거리는 두 자릿수로 줄어들 테다.

마지막 세자릿수가 새겨진 표석 옆에서 나도 사진을 찍었다. 옆에 문구가 보였다. 사리아에서 시작한 순례자들을 '진짜 순례자'가 아니라며 비판하는 내용이었다. 문장이 제법 강렬했다.

'JESUS DIDN'T START IN SARRIA!'

사리아 이전의 순례길과 이후의 순례길은 정말 달랐다. 사리아를 기점으로 새로운 순례자들이 기하급수적으로 늘었다. 생장피드포르에서부터 한 달을 걸어온 순례자들은 모든 것이 달라졌음을 느끼고 있었다. 사리아 이후 숙소를 잡기가 어려워졌고 길은 소란스러워졌다. 어딜 가도 순례길의 상징이 새겨진 기념품들을 팔았다. 관광지를 걷는 기분이었다.

그래서 종종 사리아에서 출발한 순례자를 비난하는 순례자가 나타났다. 너희는 순례자가 아니라 관광객일 뿐이라는 적대감과 자부심을 동시에 표출했다. 이런 '진짜' 순례자 문제는 출발지에만 국한된 것이 아니었다.

어떤 사람이 올린 글을 봤다. 짐을 동키로 보내고 숙소를 예약해가며 걷는 게 어딜 봐서 순례냐는 내용이었다. 그렇게 보자면 우리의 순례는 순례가 아니다. 부정할 수 없다. 우리는 종교적인 이유로 순례길에 온 것이 아니고, 편의를 찾으며 길을 걸었다. 도보 여행객이라는 말이 우리한테 더 잘 어울릴 수도 있겠다.

그러나 그렇게 따지면 어느 누가 진정한 순례를 했겠는가. 현대 사회는 복잡하다. 마트에서 아보카도 한 알을 사는 단순한 행위가 비윤리적인 생산 과정과 환경 파괴에 일조하는 결과로 이어진다.

대다수가 좋은 등산화를 신고, 자외선 차단 크림을 바르고, 기능성 옷을 입고 걷는다. 순례길은 걷기 편하게 포장되었고, 식당이 생겼고, 숙소가 생겼다. 하나의 여행상품인 동시에 치열한 승부의 장이기도 하다. 누군가는 매일 걸어온 거리로 경쟁을 하고, 누군가는 매일 호텔이 아닌 알베르게에서 묵는 것에 자부심을 느낀다. 길 자체만을 바라본다면, 우리는 어쩌면 혹자가 주장하는 '진정한 순례길'을 영원히 잃어버렸는지도 모른다.

그러나 순례길은 존재한다. 이 길을 걷고 있는 수많은 사람이 그 존재를 증명한다. 정말로 중요한 것은 길 자체가 아니라 걷는 우리에게 있다.

나 역시 그렇다. 누군가에게 나는 진정한 순례자가 아니겠지만 나는 나만의 순례를 마쳐가고 있다. 내가 걸어온 길, 길에서 보낸 시간, 그리고 내가 이 길에서 얻었던 배움은 진실이다. 까미노는 오롯이 걷는 사람의 것. 길을 온전히 누리고, 즐기고, 무언가를 배워간다면 그것으로 충분하다.

멀리서부터 보이는 큼직하고 푸른 강에 감탄하며 걸었다. 지도를 보니 가로질러 가면 10분이면 도착하겠는데 굳이 돌아가는 길이었다. 이 예쁜 풍경을 더 감상하라는 의미지? 초탈하듯 걷는데 앞서 걷는 순례자들이 옆으로 쏙쏙 빠지는 게 보였다.

지름길이었다. 험난한 경사의 좁은 내리막길이 보였다. 다듬어지지 않은 돌을 딛고 내려가야 했다. 여유롭게 내려갈 수도 없어 보였다. 앞뒤로 사람들이 줄을 지어 내려오는 중이었다.

이 모습을 지켜보던 자전거 순례자들은 원래의 길로 되돌아갔다. 자전거를 가지고는 내려갈 수 없는 길이었다. 그래도 험한 길은 짧았다. 금방 비탈진 길을 탈출해 도로로 나왔다. 우리 옆으로 푸른 강이 흘렀다. 물을 가만히 들여다보니 조각조각이 햇살에 반짝였다. 저 앞에 보이는 험난한 계단이 마지막 관문이었다. 경사가 굉장한 계단의 끝에 등장한 마을, 포르토마린(Portomarin)이었다.

알베르게 파지노 파지노. 벽에 쓰인 글씨가 멀리서도 눈에 확 들어왔다. 넓은 부엌부터 마음에 쏙 들었다. 시원한 파란색으로 페인트칠 된 넓은 방을 안내받았다. 침대들이 여유롭게 배치되어 있었다. 중앙에 이층침대 세

개쯤은 더 들어갈 만한 큰 방이었다. 순례자들이 널찍하고 쾌적하게 잘 수 있도록 배려한 마음이 느껴졌다.

구석의 침대에 자리를 잡고 시원하게 샤워도 하고 나왔다. 오늘 저녁은 비빔면. 사리아에 들어선 이후 한국 음식을 구하기가 쉬워졌다. 오면서 카레와 라면, 김치까지 파는 마켓을 만났다. 비빔면에 고기를 구워 먹었다. 행복해라!

오늘도 어제와 비슷한 저녁이었다. 밥을 다 먹었는데도 아직 잘 시간이 안 됐다. 일찍 도착한 탓이다. 마을 구경에 나섰다. 숙소 바로 뒤에 성당이 있었다. 성당을 끼고 마을을 한 바퀴 돌았다. 추워서 담요를 덮었다. 알베르게가 제공하는 담요는 공용이라 베드버그가 있을 확률이 높다고들 하지만 이미 베드버그에 많이 물린 나는 그러려니 했다. 포근한 담요를 덮고 자는 기분이 더 좋았다.

포르토마린

백 킬로미터 표석과 나

31 라
바
코
야

Lavacolla

여덟 시가 다 되어가는데 해가 아직도 뜨지 않았다. 해도 우리만큼 늦장을 부리는 계절이 오는 모양이었다.

"오늘이 온종일 걷는 마지막 날이네!"

엄마 손을 잡고 열심히 걸었다. 숲길을 걷다가 한적한 바에서 멈추었다. 감자칩과 물, 크레덴시알에 도장도 받았다. 지나가는 바나 성당에서 도장을 받을 수 있다. 우리는 귀찮다고 도장 받기를 게을리했었다. 그래서 그런지 크레덴시알에 빈칸이 많았다. 마지막 칸까지 딱 채웠으면 좋았을 텐데 이제 와서 썰렁한 여권이 아쉽게 느껴졌다.

문제가 하나 더 있었다. 사리아부터는 하루에 도장 두 개 이상을 받아야 순례 증명서를 받을 수 있단다. 생장피드포르에서부터 걸어온 사람은 매일 도장을 하나씩만 받아도 된다는 말을 철석같이 믿었는데. 다시 찾아보니 매일 도장을 두 개씩은 받아야 하나 보다. 우리… 산티아고 다 걸었다는 증명서도 못 받게 되는 건가? 일단 과한 걱정은 접어두기로 했다. 가봐야 알지!

순례길의 원래 루트를 벗어난 것 같았다. 갈리시아 주 특유의 다닥다닥 세워진 표석이 안 보였다. 대신 세월의 흔적이 고스란히 묻어나는 것들만 가끔씩 나타났다. 13.5킬로미터 남았다는 표석, 다 쓰러져가는 표지판 위로 새겨진 글자 CAMINO DE SANTIAGO. 비행기가 힘차게 날아가는 소리가 들렸다. 하늘을 봤다. 우리가 내일모레 베를린으로 갈 때 타고 갈 항공사의 비행기였다. 비행기가 우렁차게 날아가는 모습을 바라보는데 왠지 모르게 눈물이 났다. 한 달 넘게 구경도 못 한 비행기를 봤다고 코가 절로 시큰했다. 원래의 일상과 드디어 가까워졌구나. 펑펑 울며 걸었다. 라바코야(Lavacolla)에 들어가기 전, 쪼그려 앉아 엄마를 기다렸다. 몇 번 마주쳤던 대만의 순례자들과 인사를 나눴다.

"안녕, 너흰 오늘 어디까지 가?"
"그냥 발 닿는 데까지 가려고."
"그래, 부엔 까미노!"

오늘은 길도 조용했다. 엄마와 손을 잡았다.

"엄마, 산티아고 걸으면서 아쉬운 점이 뭐였어?"
"없어! 나는 너무 개운해, 아쉽지도 않고 딱 이렇게 돌아가서 내 인생 잘 살면 될 것 같아. 아주 개운해, 아주 떳떳해. 아주 만족스러워."

엄마는 더할 나위 없이 좋은 시간을 보냈다고 했다. 내가 엄마 몫까지 아쉬워하고 있는 것 같았다. 나는 아쉬운 점이 조금 많았다.

"첫째, 맨날 죽상 쓰고 다닌 거. 다음에 온다면 좀 더 긍정적으로 다니고 싶어, 좀 더 행복하게 걸을 거야."
"아냐, 너 충분히 긍정적이었어. 굉장히 행복하고 유쾌하게 걸었어."
"그래? 그러면 두 번째 아쉬운 것도 있어. 사람들하고 좀 더 친해질걸."

엄마가 이번에도 고개를 저었다.

"아냐, 윤아. 너 충분히 친해졌어. 사람 굉장히 많이 만났어. 여기서 더 만날 사람은 없어."

내가 말하는 족족 엄마가 딴지를 걸어줬다. 그냥 잘 걸었다고 생각하기로 했다. 아쉽지 않을 만큼 열심히, 씩씩하게 끝까지 걸어왔다고. 서로를 칭찬하며 마지막 숙소로 들어섰다.

오늘의 숙소는 일반 가정집 같은 알베르게. 아늑한 내부에는 단층 침대가 단 여섯 개 놓여 있었다. 심사숙고해서 고른 숙소였다.
오늘만 50킬로미터를 걸어왔다는 한국인 부자를 만났다. 북부의 해안가를 따라 걷는 '북쪽 길'을 순례하고 프랑스 길에 오늘 들어왔단다. 북쪽 길은 한국인이 드물어서 순례길을 걷는 동안 그들이 처음으로 마주친 한국인이 우리란다.

음식이 맞지 않아서 고생했다는 부자와 옆방의 헝가리 순례자와 함께 저녁을 차렸다. 냉동 등갈비와 조개를 사 왔다. 조개를 넣고 수제비를, 콜라로 등갈비찜을 했다. 등갈비찜 양념에 밥도 볶았다. 북쪽 길 여행기를 흥미롭게 들었다. 해안을 따라 걷는 만큼 해산물 하나는 잘 먹었다고 한다. 산이 많고, 차도도 많고. 그래도 좋단다. 북쪽 길도 꼭 걸어보기로 했다. 헝가리 순례자가 행복한 마음을 터놨다.

"오늘 길이 정말 힘들었거든. 여기 마을이 있는 줄도 몰랐어. 이대로 산티아고까지 걸어가야 할 줄 알았는데 숙소를 찾은 거야! 그것만으로도 행복한데 이렇게 맛있는 식사까지. 오늘은 정말로 행운의 날이야."

바람도 햇살도 좋은 날이었다. 즐겁게 빨래를 널고 침대에 누웠다. 어느새 물집이 거의 다 나았다. 내일이면 뽀송뽀송한 발이 되어있을 것 같았다. 방에 침입한 낯선 고양이의 울음소리를 자장가 삼아 잠자리에 들었다.

훅 줄은 남은 거리

산티아고 데 콤포스텔라

Santiago de Compostela

마지막 날이 생각처럼 흘러가지 않았다.

아침부터 엄마와 투닥거리고 나 자신한테도 화를 내며 걸었다. 그래도 엄마의 손만은 놓지 않으려고 했다. 산티아고 데 콤포스텔라에 들어가는 순간만큼은 엄마 손을 꼭 잡고 싶었다.

마지막 10킬로미터를 남겨둔 지점이었다. 저 기다란 건 가로등이냐, 아니냐에 대해 유치하게 싸우다 '산티아고 데 콤포스텔라' 표지판을 보았다.

아, 산티아고다.

그리고 그 기다란 건 가로등이었다. 표지판을 배경으로 무리에 끼어 사진을 찍고 서로 손을 흔들어 보였다. "부엔 까미노!"

산티아고 대성당이 코앞이었다. 지도 속의 우리 위치를 확인해가며 걸었다. 성당이 바로 이 앞에 있어야 했다. 아, 여기다! 여기다! 고개를 들었는데 눈에 들어오는 건 대성당의 뒷모습이었다. 김이 샜다. 5분을 더 걸어가 성당을 마주 보고 섰다. 사진을 한 장 찍었다. 사리아에서 숙소를 예약하는 걸 도와달라고 했던 순례자가 엄마와 나를 찍어줬다.

순례 증명서를 받으러 사무소로 향했다. 번호표를 받고, 대기실에 나란히 앉아 코코아 한 잔과 맥주 한 캔을 뽑아 마셨다. 엄마에게 자판기에서 감자칩 하나를 뽑아달라고 부탁했더니 하필 내가 제일 싫어하는 맛을 뽑아왔다. 그 맛없는 감자칩을 먹고 있자니 괜히 눈이 시큰해졌다. 정말 순례길의 끝이다!

향로 미사로 유명한 산티아고 대성당은 아쉽게도 긴 공사 중이었다. 대신 그 옆의 작은 성당에서 정오마다 미사를 진행한단다. 내가 사무소에서 기다리는 동안 엄마는 미사를 보고 오기로 했다. 엄마를 성당에 데려다주고 오랜만에 만난 체육 언니, 군청 아저씨와 함께 시간을 보냈다. 우리보다 열흘 일찍 산티아고에 도착했던 체육 언니는 포르토로 이동해 포르투갈길의 마지막 100킬로미터 코스를 걷고 다시 산티아고에 왔다. 꼭 다시 보자고 했는데 이렇게 만났다. 포르투갈길 이야기도 듣고, 이런저런 이야기를 나누다 보니 우리 차례가 됐다. 엄마도 미사를 끝내고 다시 돌아왔다.
사리아에서부터 도장을 하나씩 받았던 것이 결국 문제가 됐다. 그래도 생장피드포르에서부터 걸어온 순례자니 발급해준다고. 멋진 증명서에 내 이름이 새겨졌다. 증명서를 품고 순례길의 동지들을 만나러 갔다.

끝에서 만나는 이 반가운 얼굴들! 즐겁게 식사를 하며 쌓인 이야기를 나눴다. 낮의 산티아고는 한껏 달아오른 상태였다. 골목길에서 노래를 부르며 떼로 내려오는 학생들, 식당마다 신난 얼굴로 웃고 떠드는 사람들. 그들을 지나쳐 산티아고 성당 바로 앞의 광장에 자리를 잡았다. 광장에 편하게 드러누워 엽서를 썼다. 가족들을 위한 엽서는 엄마가 쓰고 있길래 나는 나를 위해 썼다. 이날의 나를 기억하기 위한 행복이 잔뜩 담긴 엽서였다.

해가 지기 전까지 광장에 한참 누워 있었다. 떠나는 이들과 아쉬운 인사를 나눴다. 유독 북적북적한 산티아고의 저녁이 순례길의 끝을 알리는 것만 같았다.

아침에 일어났는데도 걸어갈 곳이 없다는 사실이 어색했다.

양말을 신으며 발을 확인했다. 예상대로 물집이 사라진 뽀송뽀송한 발이 되었다. 몇 주 만에 만나는 나의 건강한 발이었다.

묵시아(Muxia)와 피스테라(Fisterra) 투어를 가는 길에 은영 언니를 잠시 만났다. 은영 언니는 걸어서 묵시아와 피스테라까지 다녀올 계획이라고 했다. 엄마와 나의 등산스틱을 은영 언니한테 맡겼다. 우리의 여정이 고스란히 담겨 있는 등산스틱만큼은 끝까지 걸어볼 수 있도록.

"언니, 잘 다녀와요!"
"그래, 안녕!"

은영 언니를 뒤로 하고 투어버스를 탔다. 순식간에 먼 거리를 이동해왔다. 창밖을 보니 걷고 있는 순례자 몇몇이 보였다. 버스가 멈추는 곳마다 내려 구경하고, 아이스크림도 먹고, 세상의 끝이라는 표지석 앞에서 사진도 찍었다. 마지막으로 도착한 묵시아는 정말 고요했다. 파도가 철썩철썩 몰아치는 소리만 들려왔다. 다음에는 이곳까지 걸어오자, 다짐했다.

마지막 밤이야! 마지막 밤은 친절 언니, 쩔과 함께였다. 산티아고 대성당

앞 광장에서 열리는 공연을 즐기다가 뒤를 보니 어두워진 하늘에 조명이 켜진 산티아고 대성당이 보였다. 친절 언니와 찔과 작별인사를 나눴다. 꼭 다시 보자며 아쉬운 인사를 마지막으로 알베르게로 향했다. 문이 닫히기 바로 직전 아슬아슬하게 들어왔다. 모두가 잠을 자는 듯 내부가 고요했다.

적막한 샤워실에서 씻고, 짐도 싸고, 분주하게 움직이다 보니 새벽 2시였다. 3시간 뒤면 마드리드행 열차를 타러 가야 했다. 잠깐 눈을 붙이고 싶은데 잠이 오지 않았다. 미뤄둔 일기라도 쓸까 싶어 수첩을 펼쳤다. 떠오르는 생각을 다 받아 적을 에너지가 없어 다시 접었다. 어느새 출발할 시간이었다.

산티아고 데 콤포스텔라 기차역, 정시에 도착한 열차에 올라탔다. 찔에게 들었던 이야기가 떠올랐다. 알베르게의 주인이 "부엔 까미노!" 라는 인사를 해줬다고 했다. 끝이 기쁜 마음에 "우리는 이제 까미노를 끝냈어요!" 하고 답했더니 주인이 고개를 절레절레 저으며 말하더란다.

"이 까미노는 끝났지만 앞으로 당신 인생에 다른 까미노들이 있을 거에요. 이제 그 길들의 시작이니까. 새로운 길을 위해 부엔 까미노!"

표지석도 화살표도 없는 냉정한 여행지로 향한다.
본격적으로 시작할 가이드 노릇에 떨리기도 하고 내리자마자 길을 잃을까 걱정도 된다. 하지만 이번에도 그 이상한 자신감이 있다. 천하태평하게 오른 순례길도 이렇게 잘 마쳤으니까 여행도 잘 해낼 수 있을 거다. 우리의 여행이 끝나고 한국에 가면 맛있는 뼈해장국 한 그릇을 먹어야지.

산티아고, 안녕!

여독이 심한 편이다. 마음은 평화로운 상태여도 몸은 낯선 환경에 긴장을 하나 보다. 30분 거리의 친구 집에서 하룻밤을 자고 와도 반나절은 피곤함에 시들어 있다. 여행 이후, 한국에 돌아오자마자 일주일 넘게 심한 몸살감기를 앓았다. 글을 마무리하는 지금도 그런 여독에 시들거리고 있는 것만 같다.

시간이 흐른 탓에 기억보다 글이 선명히 남아있다. 생판 남인 것 같은 열여섯의 나는 참 웃기도 잘 웃고, 먹는 것도 잘 먹고, 걷기도 잘 걸었구나. 신기한 마음으로 나를 지켜보았다. 이 글이 세상 어디에 닿더라도, 누군가에게 작은 웃음은 남겨줄 수 있었으면 한다.

"늘 웃는 얼굴이 참 아름다워 보였어요."

산티아고 순례길에서 만난 누군가가 나에게 해준 말이 있다. 그날, 숙소에 누운 밤까지도 자꾸 그 말이 생각이 나서 웃었었다. 그런 표정으로 순례 길 이후의 일상에서도 안착할 수 있도록 노력해왔다.

지금 와서 생각해보면, 일상으로의 복귀를 두려워하고 있었다. 여행이 란 건 완벽히 일상에서 분리되기 때문에 의미가 있는 것이라는데, 현실이 개입할 때마다 마음이 불안하게 떨렸다. 한국 포털 사이트의 뉴스창을 우 연히 클릭했을 때라거나, 산티아고 데 콤포스텔라를 하루 이틀 남기고 본 비행기라던가… 여행의 정점에서 나를 확 찌르는 현실의 존재가 버거웠 던 것만 같다.

앓았던 몸살감기 이후의 기억에는 안양천이 있다. '걷는 일'이 일상이 되 어버린 시점, 돌아와서도 걸을 곳을 찾았다. 당시 살던 광명의 자취방에서 10분 거리에 안양천이 있었다. 그 길을 따라 자전거를 타기도 하고, 걷기 도 했다. 그렇게 서울이라는 타지에 뿌리를 내렸다. 2호선의 내선순환과

외선순환 열차의 차이점을 이해하게 될 때까지 무작정 돌아다녔다. 이런 저런 활동을 시작하고, 글을 쓰고, '삶'다운 하루하루를 이어나갔다. 그 속에서 종종 내 이야기를 할 기회가 주어질 때마다 순례길에서의 기억을 꺼냈다. 그런 길을 걸었었고, 지금은 여기 있다고.

걷는 순간보다 기억하는 순간이 더 값진 까미노. 언젠가 다시 까미노를 걷기로 했는데 내가 변한 만큼 세상도 너무 변해버렸다. 코로나 때문에 계획해두었던 까미노 시즌 2는 미뤄두었다. 언젠가, 다시 걸을 거다. 그 순간을 생각하면 가슴이 떨린다.

우리 모두에게, 부엔 까미노!